# Neuro Disziplin

Techniken des Biohackings und der Neurowissenschaften, um disziplinierter zu werden, gesunde und positive Gewohnheiten zu entwickeln und die Impulsivität und Ablenkung des Gehirns zu kontrollieren

## Robert Meyer

# Inhaltsverzeichnis

# Einleitung

Für einen jeden von uns kommt eine Zeit im Leben, in der man sich mit sich selbst auseinandersetzen muss. Uns werden die Augen geöffnet und wir erkennen, dass vielleicht nicht alles so ist, wie wir es uns wünschen. Die Distanz zwischen der Realität und unseren Träumen scheint fast unüberbrückbar... Verzweiflung nimmt überhand.

Trotzdem wissen wir tief im Inneren, was zu tun ist. Wir wissen, dass wir bestimmte Dinge wieder ins Lot bringen können, wenn wir nur die Ärmel hochkrempeln. Und doch... Nichts scheint uns aus der Erstarrung zu holen, in der wir uns befinden. „Ich schaffe es sowieso nicht", wiederholen wir uns selbst immer wieder, wie ein Mantra, wie ein Schlaflied.

Das Problem dabei ist, dass wir irgendwann selbst davon überzeugt sind. Schließlich fangen wir an, Mauern aufzustellen: So müssen wir uns erst gar nicht anstrengen und kommen immer mehr zur Überzeugung, dass unsere Träume ohnehin nicht in Reichweite sind. Die Kraft, diese Mauern niederzureißen, ist allerdings *vorhanden,* und sie *steckt in jedem von uns.* Ihr habt diese Mauern selbst errichtet und könnt sie daher auch wieder abreißen. Das nötige Werkzeug ist die *Disziplin,* ein simpler Begriff mit vielen wichtigen Nuancen. Die Disziplin erlaubt es uns, produktiver zu sein, Dinge nicht aufzuschieben und Ziele zu erreichen. Mit anderen Worten: Sie bestärkt uns darin, wieder *an unsere Träume zu glauben.* Auch wenn man meinen könnte, dass Träume und Disziplin zwei verschiedene Welten sind, so sind sie im Grunde genommen nur zwei Seiten einer Medaille. Wenn auch nur eine von beiden fehlt, so werden wir kaum den Antrieb finden, um zu disziplinierten Menschen zu werden, so wie es ohne Disziplin auch schwierig sein wird, irgendein Ziel zu erreichen.

Der Verstand stellt sich zwischen uns und unsere Ziele und legt uns Steine in den Weg. Etwas muss sofort klargestellt werden: Um sich in eine standhafte, produktive und kreative Person zu verwandeln, muss man sich mit seinem Gehirn herumschlagen und es näher kennenlernen, um sich besser verteidigen zu können und es anschließend zu seinem Vorteil zu nutzen, denn es wird nicht immer zu euren Gunsten reagieren. Die Neurowissenschaft hat sehr wichtige Entdeckungen gemacht, die wir heute zu nutzen wissen. Durch die Disziplin als unsere Geheimwaffe werden wir wieder zu Menschen, die ihre Träume verwirklichen.

Machen wir uns also auf die Reise in die faszinierende Welt des Gehirns, indem wir nach und nach lernen, wie wir es besser kennenlernen und kontrollieren können, damit es uns helfen kann, unser Leben zu verbessern.

Für Vorurteile und falsche Überzeugungen ist kein Platz: Jeder von uns kann es zu einer eisernen Disziplin schaffen, wenn er nur daran glaubt. Probiert es einfach selbst aus!

# 1. Kapitel

## Das Gehirn - Ein geheimnisvolles Organ

Das Gehirn ist das außergewöhnlichste Organ des menschlichen Körpers, da besteht kein Zweifel. Es mag wahr sein, dass es uns nicht am Leben hält wie das Herz, aber ohne das Gehirn würde es erst gar kein Leben geben (zumindest kein bewusstes). Die Evolution des Menschen ist eng mit der Evolution seines Gehirns verbunden. Dieses Organ ist es auch, das uns von allen Tieren unterscheidet: Im Vergleich zu allen Lebewesen, die die Erde bevölkern, ist der Mensch aufgrund des höheren Enzephalisierungskoeffizienten (Hirngröße im Vergleich zur Körpergröße) „das intelligenteste" von allen.

„Doch was ist das Gehirn genau, biologisch gesehen?", mag sich einer von euch fragen. Es ist Teil des Zentralnervensystems und stellt gleichzeitig dessen wichtigstes Organ dar. Es befindet sich im Schädel und bildet zusammen mit dem Hirnstamm das Hirn. Das

Gehirn besteht aus zwei großen Hemisphären, also zwei symmetrischen und einander gegenüberliegenden „Hälften", die den Namen linke und rechte Hemisphäre tragen. Diese beiden Hälften bilden die Großhirnrinde, die gemeinhin als Gehirn bezeichnet wird.

Im Kortex finden all jene Prozesse statt, die noch immer zum größten Teil ein völliges Rätsel sind. Auch er wird in Teile bzw. Abschnitte unterteilt, die als Lappen bezeichnet werden. Genauer gesagt handelt es sich um vier Teile: Frontallappen, Parietallappen, Okzipitallappen und Temporallappen.

Der Frontallappen war schon immer Gegenstand des größten Interesses und die meisten Studien werden über ihn durchgeführt. Das hat nicht nur den Grund, dass er allein etwa ein Drittel des gesamten Gehirnvolumens ausmacht, sondern auch, dass dort die zahlreichen Informationen, von denen das Gehirn ständig beeinflusst wird, verarbeitet und synthetisiert werden. So können Gedanken und mentale Prozesse gesteuert und Verhaltensweisen umgesetzt werden.

Der Frontallappen kann wiederum eingeteilt werden in den motorischen und den präfrontalen Kortex. Wie der Name bereits andeutet, ist der motorische Kortex ausschließlich für die Informationen aus dem motorischen System zuständig, während der präfrontale Kortex eine sehr hohe Anzahl von Verbindungen mit verschiedenen Körpersystemen (sensorisch, motorisch) und Strukturen aufweist, die sich mit Emotionen und der Erinnerung beschäftigen.

Der präfrontale Kortex spielt eine grundlegende Rolle in unserem Leben: Hier trifft unser Verstand Entscheidungen, indem er bestimmt, wie wir unser Verhalten steuern. Er lenkt auch unser Handeln, je nachdem, welche Ziele wir uns gesetzt haben. Wir können ihn als unseren „Kontrollraum" betrachten: Wenn wir gerade über einen Freund oder einen Feind nachdenken, dann ist er genau dort. Die Psychologie bezeichnet den präfrontalen Kortex als das „Exekutivsystem" einer Person. Wenn wir über unsere Eigenschaften nachdenken, über das, was uns charakterisiert, unsere Persönlichkeit... nun, all das ist im präfrontalen Kortex enthalten.

Der Scheitellappen hat in diesem Sinne untergeordnete Funktionen, aber sie sind deshalb nicht unwichtiger. Er befasst sich hauptsächlich mit der Verarbeitung visuell-räumlicher Informationen und der Propriozeption (die Fähigkeit eines Menschen, die Position seines Körpers im Raum wahrzunehmen). Der Scheitellappen ist auch für die mathematischen Funktionen und die Spracherkennung verantwortlich.

Der Okzipitallappen ist hochspezialisiert und beschäftigt sich ausschließlich mit der Verarbeitung visueller Informationen: Alles, was wir sehen, wird dort verarbeitet, analysiert und dann in den Komplex der Informationen integriert. Die Informationen werden von dort aus in die anderen Gehirnstrukturen weitergeleitet.

Der Temporallappen schließlich befasst sich mit

visueller Erkennung, auditiver Wahrnehmung, Affektivität und der Erinnerung.

Ihr fragt euch bestimmt, woher man all diese Dinge über das Gehirn weiß. Diese Frage lässt sich einfach beantworten: durch die Neurowissenschaften. Nein, es hat sich kein grammatikalischer Fehler eingeschlichen, im Gegenteil. Man spricht von den Neurowissenschaften im Plural, weil es sich um eine Reihe von wissenschaftlichen Studien handelt, die das Nervensystem in den Forschungsmittelpunkt stellen. Das Ziel besteht darin, mehr über das faszinierende und geheimnisvolle Gehirn als perfekte Maschine zu erfahren. Die Methode ist natürlich multidisziplinär: Was wir über das Gehirn in Erfahrung bringen können, muss auf mehreren Ebenen stattfinden und sich auf das Wissen verschiedener Fachbereiche stützen. Die Neurowissenschaften sind ein Zweig der Biologie (auch: *Neurobiologie*), die von Daten und Informationen aus den Bereichen der Physik, Anatomie, Chemie, Genetik, Mathematik, Linguistik und Psychologie Gebrauch machen.

Die Neurowissenschaften gehören zu den Vorkämpfern eines relativ jungen Forschungsgebiets. Man versucht allerdings schon seit der Antike, die vielen Fragen zur menschlichen Intelligenz zu beantworten. Es waren die Griechen, die als erste die Hypothese aufstellten, dass sich die Intelligenz in der Kopfhöhle befindet. Doch erst um die Wende des zwanzigsten Jahrhunderts - wir sprechen von fast zweitausend Jahren später! – konnte das Gehirn dank der revolutionären Erfindung des Mikroskops so richtig untersucht werden. Dank des Werkzeugs konnte Camillo Golgi die Neuronen sichtbar machen und Santiago Ramon y Cajal sie untersuchen, um dann zur Annahme zu kommen, dass das Geheimnis der Funktionsweise des Gehirns in ihnen steckt. Golgi und Ramon y Cajal erhielten 1906 den Nobelpreis für Medizin für ihre wegweisenden Entdeckungen.

In der zweiten Hälfte des neunzehnten und teilweise auch der ersten Hälfte des zwanzigsten Jahrhunderts basierte die Hirnforschung auf Schlussfolgerungen: Man befasste sich hauptsächlich mit Menschen, die einen Hirnschaden erlitten hatten, um herauszufinden, was genau ihre Behinderung verursacht hatte. Auf diese Weise wurden die verschiedenen Bereiche des Gehirns identifiziert und ihre spezifischen Funktionen zum ersten Mal beschrieben.

Heutzutage werden moderne Untersuchungstechniken wie die PET oder das MRT genutzt, um die Funktion des Gehirns genauer zu erforschen. Beide Techniken sind ungefährlich und nicht invasiv: Sie können bei gesunden Patienten und sogar bei der Ausübung verschiedenster Tätigkeiten eingesetzt werden. Dank dieser Methoden ist der Mensch in der Lage, seine Forschungen über das Gehirn auch auf Tiere wie Hunde und Katzen auszuweiten und so sein Wissen erheblich zu erweitern.

Die kognitiven Neurowissenschaften sind für den Alltag von besonderer Bedeutung. Sie befassen sich mit der Erforschung der Biologie des Gehirns im Zusammenhang mit seinen mentalen Prozessen und richten daher ein besonderes Augenmerk auf das, was auf neuronaler Ebene bei der Verarbeitung von Gedanken geschieht.

**Verstand und Gehirn**

Verstand oder Gehirn? Habt ihr euch schon einmal gefragt, wo der Unterschied liegt?

Nehmen wir einmal an, das eine sei die Grundlage des anderen: Ohne Gehirn kann es keinen Verstand geben, denn biologisch gesehen ist das Gehirn die Voraussetzung für die Existenz des Verstands. Wir sind zum Denken imstande, weil wir ein Gehirn besitzen, das aus vielen gut funktionierenden neuronalen Netzwerken zusammengesetzt ist. Die Gedanken wirken als Bindeglied zwischen Hirn und Verstand. Sie sind es, die die Hirnaktivität, welche ununterbrochen in der Kopfhöhle stattfindet, konkretisieren und uns bewusst machen.

Wie hat sich unsere Denkfähigkeit entwickelt? Wie entwickelt sie sich noch heute, und wodurch wurde bzw. wird diese Entwicklung angetrieben? Um mehr darüber zu erfahren, wie wir funktionieren und wie wir etwas an diesem System ändern können, ist es von großer Notwendigkeit, uns einen historischen Überblick über die Entwicklung des Gehirns zu verschaffen. Nehmen wir einen Ingenieur als Beispiel, der die ECU eines Kraftfahrzeugs neu programmiert. Wie er, können auch wir Hand an unsere „mentale ECU" anlegen. Würde sich aber einer von euch trauen, am Motor eines Autos herumzubasteln, von dem ihr nicht die geringste Ahnung habt, wie es funktioniert? Den Kofferraum zu öffnen und irgendwelche Drähte herauszuziehen wird euch nicht zum gewünschten Ergebnis führen. Trotzdem reagieren die meisten Menschen heutzutage genau so: Es ist sogar das, was die meisten Menschen antreibt. Sie wünschen sich eine Veränderung herbei, investieren Energie, Zeit und Materielles, nur um anschließend zu erkennen, dass ihre Pläne zum Scheitern verurteilt sind, weil sie nicht wissen, wo sie Hand anlegen sollen. Einen Blogartikel zu lesen reicht nicht aus, um euer Leben zu verändern, aber vor allem ist es gar nicht nötig, die Techniken und Strategien *eines Anderen* anzuwenden. Man muss sich schon selbst die Mühe machen, den eigenen Verstand kennenzulernen, und damit haben wir in diesem Buch gerade erst begonnen.

Die Geschichte des menschlichen Gehirns ist ziemlich sonderbar. Die erste Hominidenart, die eine signifikante Zunahme der Hirngröße zeigte, war der *Homo Erectus* vor etwa zwei Millionen Jahren. Im Vergleich zu seinen Vorgängern entwickelte er in relativ kurzer Zeit ein Gehirn von beträchtlicher Größe (1000 cm3 im Vergleich zu den durchschnittlichen 1300 cm3 des modernen Menschen). Für eine lange Zeit versuchten Wissenschaftler herauszufinden, was die rasche Entwicklung der Großhirnrinde begünstigt hatte. Die Antwort auf diese Frage liegt scheinbar in den veränderten Lebensbedingungen, an die sich der *Homo Erectus* im Gegensatz zu den Hominiden, die vor ihm lebten, gewöhnen musste.

Diese Erkenntnis ist bereits sehr interessant: Unter verschiedenen Reizen entwickelt der Mensch unterschiedliche Ressourcen. Das Gehirn nimmt an dieser Entwicklung teil, passt sich an und steigert, in diesem Fall langfristig, sein Potential über Generationen hinweg.

Der *Homo Erectus* war der erste, der aufrecht gehen konnte, aber er war auch der erste, der Faustkeile anfertigte und das Feuer zu seinem Vorteil nutzte, hauptsächlich für Nahrung. Er jagte und musste sich schnell bewegen, um an Nahrung zu kommen, er musste Techniken anwenden, die der Jagd, der Konservierung und dem Kochen von Nahrung dienten. Für all diese Dinge muss man seinen Kopf anstrengen, und genau das ist der Grund, warum die Größe seines Gehirns innerhalb von relativ wenigen Generationen sehr schnell wuchs. Not macht erfinderisch, so heißt es noch heute: In diesem Fall scheint es wirklich zu stimmen!

Ein weiterer Aspekt, der von den Wissenschaftlern hervorgehoben wird, war die unterschiedliche Ernährungsweise des *Homo Erectus*. Dank des Einsatzes von Feuer konnte er seine Beute kochen, sie länger aufbewahren und weniger davon essen, solange die benötigte Kalorienzufuhr erreicht wurde. Kurz gesagt war die Ernährungsweise dieser Hominidenart sehr gesund, und das könnte eine der Ursachen für seine Gehirnentwicklung gewesen sein.

Wisst ihr, was geschah, als die Hominiden in der Jungsteinzeit von nomadischen Jägern zu sesshaften Bauern und Züchtern wurden? Die Größe des Gehirns schrumpfte leicht, denn weniger Reize und Herausforderungen führt auch zu weniger „Kopfzerbrechen".

Ein weiterer Faktor, der das Wachstum der Hirngröße beim *Homo Erectus* förderte, war die Sprache: Worte zu gebrauchen war ein starker Stimulus für das Hirnwachstum.

Die Evolution der Art Homo, zu der auch wir als *Homo Sapiens* gehören, dient uns beim Versuch, den Unterschied zwischen Verstand und Gehirn zu verstehen, erneut als Beispiel, und zwar mit einer Anekdote, die Gelehrte auf der ganzen Welt noch immer in Schach hält.

Wir wissen, dass die Neandertaler die Begegnung mit dem *Homo Sapiens* nicht „überstanden" und in relativ kurzer Zeit von der Bildfläche verschwanden. Was vielleicht nicht jeder weiß, ist, dass das Gehirn des „Verlierers" größer war, sogar größer als unseres heutzutage. Doch wie ist das möglich? Wie konnte die intelligentere Art aussterben?

Wissenschaftler sind sich noch nicht einig, doch es

scheint, als wäre das Gehirn des Neandertalers im Hinterhauptslappen weiter (viel viel weiter) entwickelt gewesen, also den Bereich, der den visuellen Funktionen gewidmet ist. Er besaß demzufolge ein größeres Sehvermögen und eine bessere Raumwahrnehmung, die auf seine besseren Jagdfähigkeiten zurückzuführen sein könnten. Auch in diesem Fall kann also angenommen werden, dass ein stärkerer Reiz die Entwicklung des Gehirns begünstigt hat.

Wie man sieht, bedeutet ein größeres Gehirn in der Praxis nicht immer eine höhere Intelligenz. Jedenfalls konnte sich am Ende der *Homo Sapiens* durchsetzen und bleibt die einzige auf dem Planeten Erde vorhandene *Homo*-Art.


Wir haben also erfahren, dass Verstand und Gehirn nicht dasselbe sind. Eines haben sie jedoch gemeinsam: das Bedürfnis nach Reizen. Das menschliche Gehirn hat sich aus dem Druck heraus und unter dem Einfluss sehr starker Reize entwickelt. Der Verstand ist dem gefolgt, hat seinerseits das Gehirn „gefüttert" und seine biologische Entwicklung veranlasst.

Man kann nicht über den Verstand sprechen, ohne auch über das Gehirn zu sprechen. Und man kann nicht von Entwicklung, Kontrolle und der Änderung des Verstands reden, ohne die biologischen Faktoren zu berücksichtigen, die die Funktionsweise des Gehirns beeinflussen.

## Das Bewusste und Unbewusste

Wie oft habt ihr schon von „unbewussten Ängsten" gehört? Wie oft habt ihr jemanden gefragt, ob ihm „bewusst" sei, was er gerade tut? Das Bewusste und das Unbewusste sind zwei Begriffe, die sich auf den Verstand beziehen und die einem jeden von uns vertraut sind. Wissen wir aber wirklich, was sie bedeuten? Was ist das Unbewusste überhaupt? Welchen Einfluss hat es auf unser Leben? Was bedeutet es, sich einer Sache bewusst zu sein?

Das Thema ist von außerordentlicher psychologischer Bedeutung und betrifft keinen Geringeren als Sigmund Freud, einen der großen Väter der Psychoanalyse. Er war es, der die drei Instanzen der Persönlichkeit entwickelt und diese in drei psychische „Orte" aufgeteilt hat, nämlich irgendwo zwischen dem Bewussten und dem Unbewussten. Diese drei Instanzen sind das Es, das Ich und das Über-Ich, Begriffe, die viele von uns schon mindestens einmal in ihrem Leben gehört haben.

Zusammen mit Freud müssen wir einen Schritt zurücktreten, um zu verstehen, wie wichtig diese Konzepte sind, auch wenn sie mittlerweile durch die moderne Psychologie als überholt gelten. Nichtsdestotrotz sind sie die Grundlage dafür, dass wir unseren Verstand lesen können, der u.a. uns verborgene (unbewusste) Elemente umfasst, die ansonsten nicht unmittelbar zu erkennen wären.

Freud sah die menschliche Psyche als ein dreigeteiltes System. Doch beantworten wir zuerst die Frage, was die Psyche überhaupt ist. Die Hauptbedeutung des Wortes lautet „Seele", doch im Allgemeinen bezieht man sich dabei auf den Verstand, also die Gesamtheit der zerebralen, affektiven, relationalen und emotionalen Funktionen einer Person. Aus diesem Grund wollte Freud auch den Verstand untersuchen. So formulierte er verschiedene Thesen, von denen die berühmteste sicher jene über das Es, Ich und Über-Ich ist.

Er war davon überzeugt, dass das Es die Grundlage all unserer Hirnfunktionen und damit auch unseres Verhaltens und unserer Handlungen ist. Dieser „Ort", an dem sich laut Freud der Verstand befindet, liegt vollständig im Unterbewusstsein, d.h. es gibt keine Möglichkeit, dessen Prozesse zu kennen oder gar zu kontrollieren. Sie passieren unter der Ebene des menschlichen Bewusstseins, wir sind Zuschauer und gleichzeitig Opfer, aber wir können uns nicht dazu entscheiden, einzugreifen.

Das Es ist der Ort der Triebe und der Wünsche, insgesamt allem, das aus dem Bewusstsein verdrängt wird, da es als moralisch verwerflich eingestuft wird. Das Es ist der ungezügeltste Teil von uns und wurde von Freud nicht zufällig mit einem galoppierenden Pferd verglichen. Es handelt nur nach dem *Prinzip der Triebe*, ständig dazu neigend, all unsere Impulse zu befriedigen. Man könnte sagen, dass das Es zwar zu unseren Gunsten wirkt, allerdings kennt es keine

Regeln und es würde unglücklich enden, wenn wir ihm Folge leisten würden.

Der Gegenpol des Es ist das Über-Ich: Auch sein Ort befindet sich fast komplett im Unterbewusstsein und setzt sich aus allen moralischen und kulturellen Werten zusammen, die wir von früheren Generationen geerbt und durch die Erziehung und das Vorbild unserer Eltern verinnerlicht haben. Das Über-Ich ist ein großer „Zauberstab", der gegen fast alles ein Veto einlegt. Es zensiert und entscheidet, was unangemessen ist, um es dann ins Unterbewusstsein des Es zu „versenken", wo uns die rationale Kontrollfähigkeit entzogen wird.

Das Über-Ich ist auch für unsere Schuldgefühle verantwortlich, wenn wir den Versuchungen des Es nicht standhalten können. Sein Zweck ist es, uns zur Ordnung zu rufen, aber uns gleichzeitig auch die Schuld zuzuweisen, wenn wir Fehler machen.

Das Ich bildet die Verbindung zwischen dem Es und dem Über-Ich und ist somit die Schnittstelle zwischen Bewusstem und Unbewusstem: Es ist im Grunde genommen der Teil unseres Verstandes, der am meisten unter Stress steht und die größte Verantwortung trägt, da das Ich ständig *entscheiden muss, was zu tun ist.* Soll man den Trieben des Es nachgeben und der Lust nachjagen? Warum eigentlich nicht, schließlich sucht unser Gehirn nach Vergnügen und flieht vor dem Schmerz, zumindest biologisch gesehen. Allerdings müssen wir uns auch mit der Gesellschaft auseinandersetzen, mit ihren Regeln und der schweren Bürde unserer moralischen und ethischen Prinzipien: dem Über-Ich. Das Ich wird vom Realitätsprinzip beherrscht und ist auf unserer Seite, da es uns zwar helfen will, unsere Triebe zu befriedigen, es uns aber nur dann erlaubt, wenn dies auch wirklich angebracht ist.

Ihr seid nicht allein, wenn ihr nun denkt, dass ihr all diese Prozesse, die sich in eurem Gehirn abspielen, noch nie bemerkt habt. Es ist praktisch unmöglich, sich über alles bewusst zu sein, und es ist so schon schwer genug, sich überhaupt über etwas bewusst zu sein. Es ist allerdings ein mögliches, eigentlich sogar erforderliches Ziel, wenn man eine gewisse Kontrolle über das eigene Dasein haben möchte. „Wie jetzt?", werdet ihr fragen, „Freud mit all seinen Kenntnissen hat gesagt, dass man das Es nicht kontrollieren kann, und jetzt kommst du und sagst, es gäbe eine Möglichkeit?"

Nein. Eine direkte Kontrolle des Unterbewusstseins ist unmöglich, aber man kann es umprogrammieren, indem man es in gewisser Weise täuscht, damit es für und nicht gegen uns in eine für uns vorteilhafte und produktive Richtung arbeitet. Jeder von uns befriedigt gern seine Triebe, es erscheint uns natürlich. Wir sind aber auch in der Lage, zu erkennen, dass dies nicht immer möglich ist und dass wir die Kosten dafür auch nicht immer tragen können, weder auf persönlicher noch auf sozialer Ebene.

Der erste Schritt, um unser Unterbewusstsein zu täuschen und es zu unserem Vorteil arbeiten zu lassen, ist die Erkenntnis, dass das, was wir über unseren Verstand kontrollieren und beobachten, nur die Spitze des Eisbergs ist. Der Rest, der größte Teil der Masse, ist im Unbewussten versteckt. Erschreckt euch nicht, das sollte eher eure Neugier wecken: Die Erforschung des Unbewussten hat Menschen schon im antiken Griechenland fasziniert, Freud ist nur einer von vielen berühmten Philosophen, die versuchten, eine Antwort auf die Fragen zum Verstand zu geben. Außerdem sind wir bereits vom Unbewussten umgeben, wenn wir geboren werden, und sind daran gewöhnt, uns davon leiten zu lassen. Es ist also keine wirkliche Überraschung.

Das Unbewusste kann unser Freund werden, seine Macht beeindruckt jeden, besonders wenn wir es verstehen, seine Mechanismen zu unseren Gunsten auszunutzen.

## Die Vorlieben des Gehirns

Die Frage, ob unser Gehirn bestimmte Vorlieben hat, beschäftigt Wissenschaftler schon seit Jahren. Angesichts der besonderen Struktur des Gehirns, das in zwei spiegelnde Hemisphären unterteilt ist, und angesichts der Tatsache, dass bestimmte Funktionen anscheinend dauerhaft mit bestimmten Bereichen der Großhirnrinde verbunden sind, die sich in der rechten oder linken Hemisphäre befinden, ist die Frage logisch gesehen äußerst relevant.

Benutzen wir mehr die rechte oder die linke Hemisphäre? Und vor allem: Hängt davon die persönliche Einstellung zu bestimmten Aktivitäten ab?

Die erste wichtige Überlegung über die Präferenzen des Gehirns ist, dass Letzteres ein sehr ausgefeiltes und komplexes Organ ist, das sozusagen autonom Entscheidungen treffen kann, um ein bestimmtes Ziel zu erreichen. Der Zweck ist dabei immer der gleiche: Schmerzen vermeiden bzw. lindern. Das Gehirn erkennt Schmerz und stemmt sich mit aller Kraft dagegen, indem es Maßnahmen ergreift, die in die entgegengesetzte Richtung laufen. Aus diesem Grund erscheinen uns bestimmte Dinge im Leben so ermüdend. Alle Handlungen, die mit Chemikalien zu tun haben, welche mit der Schmerzempfindung zusammenhängen, werden von unserem Gehirn durch instinktive Reaktionen bekämpft.

Eine weitere Entscheidung, die unser Gehirn autonom trifft, ist die des Energiesparens. Es bringt uns immer wieder dazu, so wenig Energie wie möglich zu verbrauchen, sowohl geistig als auch körperlich. Aus diesem Grund bevorzugt das Gehirn automatische Reaktionen, also solche Verhaltensweisen, die für uns zur Gewohnheit geworden sind und die unsererseits keine großen Anstrengungen mehr erfordern, um sie auszuführen. Auf bestimmte Reize reagiert das Gehirn also mit automatisierten Handlungen, denn so wird Energie gespart und es weiß, dass die Tätigkeit in der

Vergangenheit bereits als ungefährlich eingestuft wurde.

Genau das ist der Grund, warum es uns so schwerfällt, unsere Gewohnheiten zu ändern. Dazu werden wir später noch kommen, aber das Prinzip ist dasselbe. Für das Gehirn sind diese Maßnahmen effizient, daher versucht es immer wieder, sie umzusetzen.

Wir haben also gesehen, dass das Gehirn Schmerzen zu vermeiden versucht und dazu neigt, Energie zu sparen. Nach diesen Prinzipien reguliert es unsere Handlungen, zumindest diejenigen, die nicht bewusst stattfinden. Es gibt noch eine andere Art, auf die unser Gehirn unser Leben beeinflusst: Unsere individuellen Eigenschaften sind direkt auf die besondere Struktur unseres eigenen Gehirns zurückzuführen.

Jedes Gehirn ist anders, darin sind wir uns wahrscheinlich einig. Die neuronalen Netze, aus denen meine Großhirnrinde besteht, sind anders organisiert als deine. Wir sind einzigartig, sogar biologisch gesehen. Wenn also bestimmte Eigenschaften gefunden werden können, die die menschliche Spezies gemeinsam hat, ist jeder von uns ein Universum für sich.

Genau dieses Universum versuchen Wissenschaftler seit Jahren zu erforschen, um zu verstehen, ob es allgemeine Gesetzte gibt, die das Funktionieren unseres Geistes regeln. Das hätte es ihnen erlaubt, etwas mehr Licht in die zahlreichen Geheimnisse zu bringen, die dieses faszinierende Organ mit sich trägt. Schlussendlich wurden diese Gesetze gefunden.

Viele unserer mentalen Prozesse sind vorhersehbar, d.h. sie werden entsprechend der Präferenzen unseres Gehirns reguliert. Einer der Wissenschaftler, die sich intensiv mit diesem Thema beschäftigt haben, ist der Amerikaner Ned Herrmann, Kreativitätsforscher und Entwickler des Herrmann Brain Dominance Instrument, einem Test, anhand dessen herausgefunden werden soll, welche Präferenzen unser Gehirn hat oder wie es die beiden Hemisphären nutzt und welche persönlichen Eigenschaften sich daraus ableiten. Auf diesem Gebiet wird noch immer geforscht. Der Herrmannsche Test gilt aus neurologischer Sicht als wissenschaftlich nicht valide, was jedoch nichts daran ändert, dass er sehr nützliche Erkenntnisse liefert. Wir dürfen trotzdem nicht vergessen, dass niemand von uns bei der Erfüllung von Aufgaben, auch nicht kreativer Art, nur die rechte oder nur die linke Hemisphäre benutzt: Das Corpus Callosum, ein Bündel von Nervenfasern, das die beiden Hemisphären verbindet, hat die Aufgabe, die Funktionen der beiden Hirnhälften zu vereinen. Das Modell, das derzeit am anerkanntesten ist, sieht genau das vor, nämlich dass das Gehirn die Eigenschaften beider Hemisphären voll ausschöpft und sie miteinander verbindet.

Aber sehen wir uns zuerst einmal an, wie der Herrmannsche Test funktioniert und was er über unser Gehirn sagt. Es handelt sich um eine Reihe von Fragen, die darauf abzielen, das Gehirnprofil einer Person zu ermitteln. Hermann entwickelte vier Profile: rational, organisatorisch, experimentell, fühlend. Auf der Grundlage der Antworten auf die 120 Fragen, aus denen sich der Test zusammensetzt, werden wir einem der folgenden Profile zugeteilt.

- **Rational:** Die analytische Persönlichkeit bevorzugt logisches und rationales Denken und verarbeitet konkrete Daten. Sie kennzeichnet gewöhnlich sehr intelligente und individuell orientierte, konkurrenzfähige und intellektuelle Menschen. Diese Personen führen in der Regel wissenschaftliche Berufe aus (im Bereich der Mathematik, des Ingenieurwesens, der Chemie).

- **Strukturiert/Organisiert:** Diese Persönlichkeit liebt Ordnung und Organisation und zeichnet sich durch einen ausgeprägten Sinn fürs Praktische aus. Menschen, die in diese Kategorie fallen, lieben es, zu planen und alles unter Kontrolle zu haben, sind akribisch, bewahren Dinge auf und überlassen nichts dem Zufall. Sie gehen in der Regel Berufen nach, in denen organisatorische Fähigkeiten benötigt werden (Direktoren, Manager, Buchhalter).

- **Fühlend:** Diese Persönlichkeit ist in der rechten Gehirnhälfte vernetzt. Menschen, die sich in diese Kategorie einordnen, fühlen die

Notwendigkeit, Beziehungen zu anderen zu führen. Sie lieben soziale Kontakte, sind extrovertiert und daher perfekte Gesprächspartner, und möchten sich schlussendlich nützlich fühlen. Sie interessieren sich oft für Berufe wie Sozialarbeiter, Arzt/Krankenschwester, Rechtsanwalt usw.

- **Experimentell:** Auch diese Persönlichkeit findet sich in der rechten Hirnhälfte wieder. Sie ist die Kreativität in Person. Diese Menschen bevorzugen den visuellen Kanal, sie sind Synthesizer, bevorzugen einen Gesamtüberblick über Dinge und vermeiden die Detailanalyse. Sie lieben es, zu experimentieren und sich kreativen Berufen zuzuwenden, wie zum Beispiel Schriftsteller, Designer, Künstler, Architekt, Musiker.

Die beiden Pole, innerhalb derer sich diese vier Profile bewegen, sind die Rationalität (linke Hemisphäre) und die Intuition (rechte Hemisphäre), moduliert durch eine mehr oder weniger ausgeprägte Gegenwart eines instinktiven und intellektuellen Elements.

Kann ein jeder von uns in eine dieser Kategorien eingeteilt werden? Natürlich nicht, doch diese Gehirnprofile geben uns eine klare Vorstellung davon, was die Präferenzen des Gehirns sein könnten und welche die gängigsten Profile sind.

## Für oder gegen uns

Das Gehirn ist eine gewaltige „Maschine" mit Fähigkeiten, die unser Verständnis übersteigen. Es wäre sogar noch toller, wenn das Gehirn mit uns zusammenarbeiten würde: In Wahrheit arbeitet es indirekt jedoch oft gegen uns.

Ich sage indirekt, weil sein einziger Zweck eigentlich darin besteht, uns zu fördern, aber leider stimmen seine und unsere Ziele einfach nicht überein.

Wir haben im dritten Kapitel nicht zufällig über Freud gesprochen. Er war derjenige, der buchstäblich die Büchse der Pandora öffnete und den Schleier lüftete, der über den Gehirnprozessen lag, die der Mensch nicht (oder fast nicht) kontrollieren kann. Standhaft analysierte er den Verstand und zeigte der Welt das Konzept des Unbewussten: Das totale Chaos, das Reich des Unkontrollierbaren, der Aufbewahrungsort all dessen, für das dem Menschen die Mittel fehlen, um sich zu stellen.

Der Gedanke, dass wir mit einer solchen Last auf unseren Schultern ohne Probleme durchs Leben gehen können, kann beunruhigend sein. Trotzdem schaffen wir es durch all die Schwierigkeiten, denen wir auf unserem Weg begegnen. Genau aus diesem Grund gibt es Disziplin: Einstellungen, Triebe und Gedanken sollen dadurch gezügelt werden. Nur so kommt man zu einem geregelten Leben, das die Voraussetzung ist, um alle Ziele zu erreichen.

### *Die Komfortzone*

Bei allem, was wir bisher gesagt haben, kämpft das Gehirn meist gegen unseren Willen. Wie gesagt, das geschieht nicht mit Absicht! Das Gehirn ist einfach der Herrscher der „Komfortzone". Habt ihr jemals davon gehört? Es handelt sich bei der Komfortzone um einen idealen Bereich, in dem wir uns ruhig und sicher fühlen. Das Gehirn ist biologisch so programmiert, dass es ums Überleben kämpft, sein ganzes System ist so ausgerichtet. Es bemüht sich ständig darum, uns vor Gefahren zu warnen und uns zu helfen, sie zu vermeiden. Diese kontinuierlichen Bemühungen manifestieren sich in einem Denkmuster, das unseren Verstand dazu veranlasst, uns immer zu sagen, was am sichersten ist: Er drängt uns stets, innerhalb eines sicheren Bereichs zu bleiben, in dem Risiken und Neuheiten minimiert werden. Diesen Bereich nennen wir Komfortzone.

Jeder von uns hat eine Komfortzone, auch wenn wir sie nicht fühlen. Wir bemerken sie aber anhand der Reaktionen, die in uns ausgelöst werden, wenn wir versuchen, einen „Fuß vor die Tür" zu stellen. Stellt euch vor, dass ihr etwas tun müsst, das euch Angst macht oder in Verlegenheit bringt, das euch aber später Geld einbringen wird. „Okay, aber um wie viel Geld handelt es sich?", werdet ihr als allererstes fragen. Wir reagieren so, weil wir uns schützen und uns davon überzeugen wollen, dass sich das Risiko und die Mühe am Ende des Tages wahrscheinlich sowieso nicht lohnen. Das Risiko und die Anstrengung sind im Übrigen zwei große Alarmglocken für das Gehirn, das alles daransetzen wird, euch zu überzeugen, an Ort und Stelle zu bleiben.

### Die primitive Natur des Gehirns

Man muss bedenken, dass unser Gehirn in vielerlei Hinsicht noch in der Steinzeit feststeckt, zumindest fast. Wie bereits gesagt, ist es sehr aufmerksam gegenüber allen potenziellen Risiken, die in unserem Leben auftreten könnten. Im Alltag kann man das vor allem daran erkennen, dass wir viel sensibler auf negative als auf positive Ereignisse reagieren, und zwar deshalb, weil unser Gehirn, geprägt von Jahrtausenden von „wildem" Leben, im dem es ständig von Gefahren bedroht worden war, nie aufgehört hat, in dieser Perspektive zu denken. Auch diesmal arbeitet das Gehirn wieder gegen uns: Es macht es uns immer schwerer, uns von Negativität und Stress zu befreien und lenkt seine Aufmerksamkeit automatisch dorthin, weil es glaubt, dass dies wichtigere Elemente für das Überleben sind als diejenigen, die uns „einfach nur" glücklich machen.

Wenn ihr jemals das Gefühl hattet, dass es euch schwerfällt, den Kopf frei zu bekommen oder auch nur optimistisch und positiv zu bleiben, dann wisst ihr jetzt, dass das völlig normal ist. Dies bedeutet jedoch nicht, dass wir dazu verurteilt sind, unter der besonderen Natur unseres Gehirns zu leiden, ohne etwas dagegen tun zu können.

### *Positivität erfordert Übung*

Die schlechte Nachricht ist also, dass unser Gehirn gegen uns arbeiten. Oder besser, es arbeitet in einer Weise, die meistens nicht zu dem Leben passt, das wir führen, zu dem Kontext, in dem wir leben, zu den Gefahren, denen wir tagtäglich ausgesetzt sind. Die meisten von uns leben nicht im Regenwald oder in der von Löwen bewohnten Savanne, so dass diese Art der Verarbeitung externer Ereignisse durch das Gehirn für die moderne Lebensweise einfach nicht funktionieren kann.

Die gute Nachricht ist, wie bereits gesagt, dass wir etwas dagegen unternehmen können. Man kann sich selbst trainieren, den „Fokus" des Gehirns ein wenig zu konditionieren und man kann lernen, es zu zwingen, sich auf etwas bestimmtes statt etwas anderes zu konzentrieren. Achtung: Dieser Schritt ist absolut notwendig, wenn wir uns eine Veränderung in unserem Leben herbeisehnen, wenn wir mehr Disziplin entwickeln und produktiver sein wollen. Sich einfach nur bequem hinzulegen und dem Gehirn freie Bahn lassen wird uns nicht dorthin führen, wo wir gerne sein möchten.

Schauen wir also, was man tun kann, um sein Gehirn so zu konditionieren, dass es seine Aufmerksamkeit auf etwas anderes legt:

- Auf positive Ereignisse achten, die sich in unserem Leben ereignen. Egal wie unbedeutend sie scheinen, wir müssen sie registrieren und uns Zeit geben, darüber nachzudenken.

- Sich daran gewöhnen, kurzfristig zu denken. Sich um Großprojekte zu sorgen, die ein, zwei, fünf Jahren in der Zukunft liegen, bringt nur Angst und folglich Negativität in unser Leben. Es ist klüger und nützlicher, sich auf kurz- oder mittelfristige, konkrete und erreichbare Ziele zu konzentrieren.

- Nicht über die Vergangenheit nachdenken. Es ist unglaublich wichtig, sich auf die Gegenwart zu konzentrieren. Nur so werden wir in der Lage sein, unsere Energien voll auszuschöpfen und unsere Produktivität hoch zu halten, indem wir Zukunftsängste und ständiges Grübeln über die Vergangenheit vermeiden.

- In Zielen denken. Den Tag in kleine, leicht erreichbare Ziele einzuteilen trägt dazu bei, das von unserem Gehirn wahrgenommene Risiko zu verringern und unsere Motivation hoch zu halten.

**Was ist die kognitive Verzerrung?**

Unsere Gehirne sind primitiv: Wir haben es jetzt schon so oft wiederholt, dass ihr mittlerweile davon überzeugt sein müsst. Wir laufen zwar nicht mehr in einer Fellhose und einem Holzknüppel in der Hand herum, aber was unseren Verstand betrifft, fehlt nicht viel zu unseren Vorfahren. Dieser Gegensatz ist interessant und faszinierend, denn je mehr wissenschaftlich revolutionäre Entdeckungen darüber gemacht werden, wie unser Gehirn funktioniert, desto mehr entdecken wir, dass unsere Art zu denken der unserer Vorfahren schrecklich ähnelt. Genau genommen handelt unser Gehirn immer noch nach denselben Instinkten, die die Handlungen der Menschen in der Steinzeit (und früherer Zeitalter) lenkten.

Wir haben gesehen, wie sich alles, oder fast alles, um das Konzept der Vereinfachung dreht: Das Gehirn muss vereinfachen, automatisieren, beschleunigen, und das alles, um sicherzustellen, dass uns genügend geistige Ressourcen bleiben, um die Entscheidungen zu treffen, die wir wirklich treffen müssen.

Doch gerade beim Treffen von Entscheidungen gibt es Tücken. Sogar bei der Entscheidungsfindung liebt es unser Gehirn, „zu sparen": Hier kommen die Heuristik und die kognitive Verzerrung ins Spiel. Wenn ihr davon noch nie etwas gehört habt, seid ihr nicht die Einzigen, aber ich kann euch jetzt schon verraten, dass ihr diese mentalen Prozesse sehr gut kennt und beherrscht, auch wenn ihr (noch) nichts darüber wisst. Wieder eines der zahlreichenden faszinierenden Geheimnisse unseres Gehirns ...

Wie wir schon sagten, kann unser Gehirn keine Zeit verschwenden. Es muss versuchen, alles so schnell wie möglich zu verstehen, da es ständig mit Gefahren rechnet und es deshalb buchstäblich keine Zeit zu verlieren gibt. So nutzt das Gehirn die bequemen Heuristiken, wenn es etwas verstehen muss: Sie sind nichts anderes als mentale Abkürzungen, sozusagen mentale Interpretationsmodelle der Wirklichkeit. Ihre Aufgabe ist es, die Wirklichkeit zu vereinfachen, um sie schneller verständlich zu machen. Die Heuristiken basieren auf früheren Erfahrungen und Kenntnissen. Das Gehirn bezieht sich also auf das, was es bereits weiß und erlebt hat, um die neue Situation, der es sich gegenübersieht, zu interpretieren und zu verstehen. Auf diese Weise beschleunigt sich der Verständigungsprozess, und die Entscheidung wird schneller getroffen.

Der Nutzen der Heuristik besteht gerade darin, viel Zeit zu sparen: Es ist nicht nötig, genau auf ein Thema einzugehen, denn wir können es auch ohne logisches Denken verstehen. Und genau hier verbirgt sich auch die Kehrseite der Medaille. Die Heuristik ist kein Prozess logischen Denkens, sie zieht voreilige Schlüsse, indem sie, wie wir gesehen haben, auf bereits vorhandene Erfahrungen und Kenntnisse zurückgreift.

So weit, so gut. Es würde schon genügen, wenn wir uns selbst daran erinnern, dass wir dazu *neigen, alles zu vereinfachen* und das Möglichste tun, um uns sicher zu fühlen. Kurz gesagt: Wir wollen innerhalb eines für uns gewohnten Bereiches bleiben. Wir sollten uns daher angewöhnen, uns selbst immer wieder die Frage zu stellen, ob wir etwas auch wirklich verstanden haben. Wir sollten auf das Bremspedal treten, die mentalen Abkürzungen umgehen und uns auf das Thema konzentrieren, von dem wir sicher gehen wollen, dass wir es bis zum Ende verstanden haben. Dies könnte die Chancen verringern, Opfer einer kognitiven Verzerrung zu werden.

Nun sind wir am eigentlichen wunden Punkt des menschlichen Denkens angekommen, nämlich der kognitiven Verzerrung. Sie bezeichnet eigentlich nichts anderes als Urteile, die besonders schnell und nicht kritisch gefasst werden. Diese Beurteilungen beruhen auf falschen oder verzerrten Wahrnehmungen, Vorurteilen und Ideologien. Vielleicht fragt ihr euch jetzt, warum wir diese Ansichten überhaupt nutzen, wenn wir Gefahr laufen, falsch zu liegen. Ganz einfach: Die kognitive Verzerrung erleichtert unser Leben ungemein, indem sie uns hilft, Entscheidungen zu treffen, wenn wir riskieren, uns zu blockieren. Wenn sich der Verstand festfährt, können wir nicht weitermachen und an nichts anderes mehr denken. So kann er nicht mit dem Überleben fertig werden. Deshalb greift unser Gehirn auf die Heuristik und die kognitive Verzerrung zurück, um sicherzustellen, dass wir die Situation stets unter Kontrolle haben und Tausende von Alltagsproblemen, mit denen wir es täglich zu tun haben, schnell und effektiv lösen können.

Genau hier drückt der Schuh. Eine schnelle Entscheidungsfindung hat ihren Preis: „Dank" der kognitiven Verzerrung riskieren wir, mit Scheuklappen durchs Leben zu laufen und *immer wieder die gleichen Entscheidungen* zu treffen. Wir können die kognitive Verzerrung als die extreme Art sehen, in der Heuristiken dargestellt werden, eben der Verzerrung. So ist es möglich, Entscheidungen dermaßen einfach und schnell zu treffen, dass sich die Heuristik nicht einmal die Mühe macht, sich in der Realität zu verwurzeln. Die kognitive Verzerrung ist in der Tat oft völlig von der Realität losgelöst. Aufgrund der Einfachheit der Entscheidungsfindung wird die Wirklichkeit einfach überflogen.

Ihr denkt, dass ihr davon ausgenommen seid? Denkt daran, dass wir alle in verschiedenem Sinne „Opfer" sind. Wir können lernen, die kognitive Verzerrung zu erkennen, nicht um sie loszuwerden, sondern um zu verstehen, wann sie aktiv wird. So erlangen wir die Kontrolle zurück, zumindest was die wichtigen und ausschlaggebenden Entscheidungen unseres Lebens betrifft. Das Bewusstsein darüber, was kognitive Verzerrung ist und welchen Einfluss sie auf unser Leben hat, erlaubt es uns, etwas zu überdenken oder eine Sachlage besser zu analysieren, die wir vielleicht schon innerlich abgeschlossen hatten. Im Privat- und Berufsleben, bei finanziellen Entscheidungen und in vielen anderen Fällen ist die Möglichkeit, die Situation unter Kontrolle zu haben, ein riesiger, absolut nicht zu unterschätzender Vorteil: Die meisten Menschen verhalten sich, wie wir mittlerweile verstanden haben, so, als befände sich das Gehirn im Autopilot-Modus. Sicherlich passiert das nicht, weil sie es so wollen oder weil es ihnen an irgendetwas mangelt, sondern einfach, weil unser Gehirn darauf programmiert ist, so zu arbeiten.

Das Wissen um die Mechanismen, mit denen unser Gehirn arbeitet, erlaubt es uns, die schwarzen Schafe der Gruppe zu sein. Ihr wisst, was Schafe charakterisiert, nicht wahr? Man nennt sie auch Mitläufer: Jene, die dazu neigen, das Verhalten anderer zu imitieren, denn wenn das alle so tun... Dank dem Wissen, das sie aus diesem Buch nehmen konnten, haben sie jedoch die Möglichkeit, *wirklich* selbst zu entscheiden, was zu tun ist, und zwar in all den Situationen, in denen euer Gehirn euch automatisch zu seiner beste Wahl gelenkt hätte. Diese Wahl ist, wie wir bereits gesehen haben, immer die einfachste. Im zweiten Teil des Buches werden wir sehen, welche kognitive Verzerrung unser Leben im Bereich der Entscheidungsfindung beeinflusst, und wie wir uns von diesem Einfluss befreien können.

## Hormone und die Chronobiologie

Es gibt noch eine andere Art, in welcher unser Gehirn sowohl für als auch gegen uns arbeitet. Eigentlich wäre es besser, von unserem Körper als Ganzem zu sprechen, auch wenn immer nur eines das Sagen hat: das Gehirn. Habt ihr schon einmal von Chronobiologie gehört? Es ist der Zweig der Biologie, der sich mit der Untersuchung periodischer Phänomene und ihrer Synchronisierung anhand von Umweltfaktoren befasst. In der Praxis geht es, vereinfacht ausgedrückt, darum, zu untersuchen, wie unser Körper sich an den Tag-/Nacht- bzw. Sonne-/Mondwechsel anpasst und darauf reagiert.

Pflanzen, Tiere und Menschen führen ihr Leben nach zirkadianen (24-Stunden-Zyklus), ultradianen (kürzer als 24-Stunden-Zyklen) und infradianen (länger als 24-Stunden-Zyklen) Rhythmen. Um diesen Rhythmus kommt man nicht herum, jeder reguliert sein Leben auf diese Weise. Wissenschaftler haben sich damit beschäftigt, zu verstehen, wie sich der Körper diesen Zyklen anpasst und wie er seine Funktionen reguliert. Sie entdeckten, dass das Gehirn wieder einmal eine zentrale Rolle spielt. Durch seine Hormonproduktion reguliert es die meisten Körperfunktionen so, dass sie mit den äußeren, umweltbedingten Rhythmen synchronisiert werden.

Der Mittelpunkt der Hormonproduktion im Gehirn ist die Hirnanhangsdrüse. Dies ist eine kleine Drüse an der Unterseite des Gehirns, die die Stoffwechsel- und Hormontätigkeit des Körpers durch die Ausschüttung verschiedener Hormone steuert. Sie kümmert sich also um die Prozesse, durch die der Körper Energie verbraucht und letztlich funktioniert. Das bedeutet wiederum, dass unser Gehirn die Kontrolle über alle Körperfunktionen besitzt.

Zahlreiche Gelehrte und Forscher haben sich für die biologischen Rhythmen interessiert und dafür, wie sich der menschliche Körper an den Tag/Nacht-Wechsel anpasst. Die Chronobiologie nutzt das Wissen vieler anderer Bereiche, einschließlich der Psychologie und Medizin, gerade für die Erforschung der Hormone. Besonders im Laufe des zwanzigsten Jahrhunderts wurden zahlreiche interessante Entdeckungen gemacht, aus denen wichtige Erkenntnisse über die Funktionsweise des menschlichen Körpers zu den verschiedenen Tageszeiten abgeleitet werden konnten.

Um auf die Frage von vorhin zurückzukommen, nämlich wie unser Gehirn mit oder gegen uns arbeiten kann: Wenn wir uns auf die Chronobiologie konzentrieren, ist die Antwort einfach. Während der verschiedenen Stadien des Tages befindet sich unsere körperliche und geistige Energie auf einem unterschiedlichen Level. Es wäre von Vorteil, zu wissen, wie unsere Energiereserven im Verlauf des Tages variieren, um das Wissen bestmöglich zu nutzen und nicht in die entgegengesetzte Richtung zu arbeiten. Zunächst müssen wir eine Prämisse aufstellen: Wir sind alle verschieden, und zwar auch in der Beziehung zu den zirkadianen Rhythmen.

Die Theorie von Frühaufstehern und Nachteulen ist kein Volksmärchen, und Nachtschwärmer sind auch keine „seltsamen" Menschen. Es sind Personen, die tatsächlich ein bisschen anders funktionieren als andere. Die meisten von uns gehören strenggenommen weder dem einen noch dem anderen Typ an, weil die Grenzen nicht klar definiert sind. Sicherlich können wir uns aber mehr in dem einen Modell wiedererkennen als in einem anderen. Ebenso sicher ist, dass unsere Gesellschaft eher für Frühaufsteher geeignet ist: Wir beginnen früh morgens mit der Arbeit, und man rät uns, früh genug am Abend zu Bett zu gehen. Für die Nachteulen unter uns ist dieser Lebensstil ziemlich schwierig, da ihre Effizienz in den Abendstunden am größten ist, während sie sich in der ersten Tageshälfte schwertun, in die Gänge zu kommen.

Auf der Grundlage dieser Differenzierung können wir eine Reihe von Ratschlägen ausarbeiten, die für die Maximierung der eigenen Produktivität nützlich sein könnten. Es geht nämlich darum, eine natürliche Veranlagung und die Zusammenarbeit des Gehirns auszunutzen, das mit seinem Arsenal an Hormonen dafür sorgt, dass alles planmäßig abläuft. Unsere Aufgabe besteht eigentlich nur darin, das Richtige zum richtigen Zeitpunkt zu tun. Damit meint man in diesem Fall, die idealen Zeitfenster für bestimmte Arten von Aktivitäten zu nutzen, immer in Einklang mit der hormonellen Aktivität des Gehirns.

Der Frühaufsteher: Hat keine Probleme damit, sich den Wecker relativ früh zu stellen, ist in der ersten Tageshälfte am leistungsfähigsten und muss recht früh schlafen gehen. Es ist kontraproduktiv, am Ende des Tages eine hohe Arbeitsbelastung zu fordern bzw. nach dem Abendessen wichtige Treffen oder Aktivitäten zu planen.

Die Nachteule: Kommt morgens gegen 10:30–11 Uhr in die Gänge, wobei sie abends und sogar nachts sehr gut arbeiten kann. Es ist kontraproduktiv, wichtige kognitive Aktivitäten früh am Morgen zu planen, besser ist es, diese Stunden „mechanischen" Aktivitäten zu widmen, die keine allzu große Anstrengung erfordern. Die Abendstunden sind hingegen perfekt: Es wäre schade, diese kognitive und produktive Effizienz dann nicht auszunutzen.

Wenn wir zusätzlich zu den *Chronotypen* den Antrieb unseres Gehirns ausnutzen wollen, um unsere Produktivität während des Tages zu maximieren, müssen wir auch den biologischen Rhythmus des Menschen in Betracht ziehen. Dieser zirkadiane Zyklus sieht zu bestimmten Tageszeiten verschiedene Höhepunkte für die physiologischen Funktionen vor. Auch in diesem Fall wäre es unklug, sie nicht auszunutzen und sich gegen etwas zu stemmen, das dem Körper natürlich erscheint. Schauen wir uns mal an, wie der Tag aufgeteilt wird:

- 6-9: Die Produktion von Melatonin (dem „Schlaf"-Hormon) hört auf, der Blutdruck steigt, Körper und Verstand sind in einem erhöhten Wachzustand, die Testosteronproduktion ist auf ihrem Höhepunkt.
- 12-18: Maximale Koordination, kürzere Reaktionszeiten am frühen Nachmittag, Spitzenwerte bei Herz-Kreislauf-Leistung und Muskelkraft gegen 17 Uhr
- 18-24: Höchste Körpertemperatur und Blutdruck, Beginn der Melatoninproduktion gegen 21 Uhr und Beendigung des Stuhlgangs gegen 22:30 Uhr.
- 24-6: Körpertemperatur am tiefsten, Tiefschlafphase gegen 2 Uhr morgens

Dies sind die vier Phasen, in die unser Tag im Großen und Ganzen unterteilt ist. Sie sind nützliche Hinweise, an die ihr euch halten solltet, um eure Aktivitäten zu planen, wenn ihr beispielsweise ein Leistungstief erlebt, wenn ihr Schwierigkeiten damit habt, disziplinierter zu sein, oder wenn ihr einem Ablauf folgen wollt, das euch auferlegt wurde oder das ihr euch selbst zum Ziel gesetzt habt. In der Hormonproduktion und deren verschiedenen Phasen findet ihr vielleicht eine erste Antwort auf eure Probleme.

Das Wichtigste ist, auf sich selbst zu hören und vor allem nicht gegen Windmühlen zu kämpfen. Wenn ihr

Frühaufsteher seid, dann wird es euch nicht helfen, wenn ihr euch dazu zwingen, nachts zum Arbeiten aufzubleiben. So werdet ihr eurem Ziel nämlich nicht näherkommen. Es geht nicht um Disziplin, sondern um Dummheit: Trotz all der Anstrengung schießt ihr in Wahrheit ein Eigentor. Gehirn und Körper präsentieren die Rechnung nämlich immer in Form von Müdigkeit, und wenn sie sie zeigen, dann wird dies zu einem unvermeidlichen Rückgang eurer Leistung und eures Leistungsvermögens beitragen, was zu Demotivation führt (wir werden später im Buch darauf eingehen).

Hört also rational auf das, was Körper und Biologie uns zeigen. Das ist, was wir Disziplin nennen, sich dem hinzugeben, was gut für Körper und Geist ist, auch wenn wir manchmal gerne anders handeln würden. Behaltet das langfristige Ziel im Auge, um euch zu inspirieren, aber konzentriert euch auf die kurzfristigen Ziele, um euch zu motivieren. Wenn ihr so handelt, werdet ihr das Gehirn auf eurer Seite haben, und das ist nicht von geringer Bedeutung, wie ihr mittlerweile verstanden habt.

### Freude und Schmerz

Es scheint, als würde jeder von uns im Leben auf der Suche nach Genuss sein. Es wäre ja ziemlich albern, wenn wir das nicht täten, oder? Wir wissen aber auch, dass ein gewisses Maß an Schmerz im Leben nicht vermeidbar und sogar notwendig ist. Um ein lustorientiertes Leben zu führen, müssen wir ein bestimmtes Maß an Schmerz erfahren, wenn auch kontrolliert und beherrscht. Warum fällt es manchen Menschen also so schwer, selbst die kleinsten Hürden zu ertragen, die nötig sind, um später eine größere Befriedigung zu fühlen?

Auch diese Antwort kommt vom Gehirn. Es ist biologisch gesehen auf Befriedigung „eingestellt". Das Gehirn verfügt über einen großen Bereich, der ganz den Lustprozessen gewidmet ist, und reagiert äußerst sensibel auf jeden Reiz, der eine Handlung provoziert, die zu einem Lustempfinden führt. Es handelt sich um einen sensiblen und verfeinerten Mechanismus, der sich im Laufe der Zeit zugleich mit uns entwickelt und immer reaktiver auf Reize aus unserer Umgebung reagiert.

Es gibt zahlreiche Hirnzentren, die in Zusammenhang mit Lust stehen. Alle sind äußerst effektiv mit verschiedenen geistigen und körperlichen Funktionen verbunden. Der menschliche Körper ist ein System, das extrem empfindlich für Lustempfindungen reagiert. Und wisst ihr, warum das so ist? Jede Tätigkeit, die uns Freude bereitet, hat mit unserem Überleben zu tun. Und wie wir bereits gesehen haben, ist das Gehirn so sehr an unserem Überleben interessiert, dass es unsere eigenen Handlungen „sabotiert", wenn sie im Widerspruch zu dem stehen, was es für das Überleben als nützlich hält.

Habt ihr jemals darüber nachgedacht, was die größten Freuden des Lebens sind? Für die große Mehrheit der Menschen können wir zwei große Genussbereiche festlegen: Essen und Sex. Kein Grund, moralisch zu werden! 90% unserer Zeit verbringen wir damit, in diesen beiden Bereichen Lust zu erfahren. Gut essen, sich gesund ernähren, für sich selbst oder Freunde kochen, neue und ungewöhnliche Lebensmittel probieren, neue Restaurants testen... Die Freude am Essen hat viele Nuancen. Denkt nur an die Befriedigung, die wir empfinden, wenn wir hungrig an einem Tisch sitzen und auf die warme Mahlzeit warten, die uns jemand zubereitet hat.

Und was ist mit Sex? Das physische Vergnügen, Lust mit jemand anderem zu teilen, das Sich-Verlieben, das Werben, die Eroberung einer schönen Frau oder eines charmanten Mannes sind Aktivitäten, die in uns intensive Glücksgefühle hervorrufen. Nun, lasst uns einen Moment darüber nachdenken, was hinter diesen beiden Aktivitäten steht: Richtig, die Notwendigkeit, am Leben zu bleiben! In Bezug auf die Ernährung würde ich sagen, dass dies keiner weiteren Erklärung bedarf. Wenn wir auf den Geschlechtsverkehr bezogene Konzept verstehen wollen, müssen wir uns bemühen, moralische und kulturelle Konditionierungen, die in vielen Fällen die menschliche Spezies charakterisieren, beiseite zu legen.

Ist nicht von „biologischer Uhr" die Rede, wenn es um

den Wunsch vieler Frauen geht, in einem bestimmten Alter Mütter zu werden? Sex ist mit unserem Überlebensinstinkt verbunden, da er die Fortpflanzung bewirkt, was die Besiedlung des Planeten Erde durch den *Homo Sapiens* überhaupt erst möglich machte. Wenn unser Gehirn empfänglich für Lust und auf der Suche nach angenehmen Empfindungen ist, so ist das kein Zufall. Es ist darauf programmiert, uns überleben zu lassen, und zielt somit darauf ab, dass wir essen und uns fortpflanzen.

Wir sind so programmiert, dass es sinnlos ist, gegen ein Jahrtausende altes biologisches System anzukämpfen. Sich gegen ethische oder moralische Prinzipien stellen ist sinnlos. Nur ein grundlegendes Verständnis dieser Mechanismen wird hilfreich sein, um ein Leben zu führen, das dem Ideal, welches uns vorschwebt, so nahe kommt wie nur möglich. Vor allem, wenn dieses Ideal Disziplin und Selbstbeherrschung vorsieht, denn, wie ihr bereits verstanden habt, ist es nicht einfach, gegen unsere angeborene Neigung nach Befriedigung anzukämpfen.

Es ist nicht leicht, denn der Schmerz interveniert. Das Gehirn reagiert auch auf körperliche Schmerzempfindungen extrem empfindlich, und es hat nur eine Reaktion: Flucht! Der Schmerz ist mit dem Konzept des Überlebensrisikos, der Gefahr, des Unerwarteten verbunden. Er signalisiert Elemente/Situationen/Verhaltensweisen, die es zu vermeiden gilt. Der Schmerz blockiert den Lernprozess einer Handlung und verhindert dessen Automatisierung, gerade deshalb fällt es uns schwer, disziplinierter zu sein. Der Kreislauf der Gewohnheit wird durch den Lustmechanismus begünstigt und unterstützt. Wenn wir versuchen, Handlungen oder Verhaltensweisen zu automatisieren, die ein gewisses Maß an Leid mit sich bringen, werden wir vom Gehirn nicht weiter unterstützt.

Können wir uns also in Zukunft mit Homer Simpson identifizieren, auf der Couch sitzend und fernsehend, mit einer Kiste kaltem Bier neben uns? Glücklicherweise nicht ständig, aber wir können diese Dinge tun, wenn wir uns dafür entscheiden. Die Überwindung der Barriere, die vom Gehirn und seinen automatischen Reaktionen ausgeht, ist möglich, aber man muss sich zunächst bewusst machen, dass das Beseitigen des Hindernisses nicht leicht sein wird.

- Veränderungen sind nicht einfach, dessen muss man sich bewusst sein. Die Schwierigkeiten zu unterschätzen hilft uns nicht, sie zu überwinden. Im Gegenteil!

- Wir werden uns mehr und mehr von der Befriedigung und der Bequemlichkeit fesseln lassen und Anstrengungen meiden. Da wir das jetzt wissen, sind wir bereit, einen Schlachtplan auszuarbeiten, der auch

Strategien und Lösungen für die schwierigsten Momente enthält, wenn wir entmutigt sind. Auch diese Momente werden uns *mit Sicherheit* auf unserem Weg zur Veränderung begegnen.

- Man kann die persönliche Disziplin nicht nur auf Handlungen stützen, die mit Anstrengung, Müdigkeit und einem gewissen Maß an Schmerz verbunden sind. Belohnungen sind *notwendig* und bedeuten nicht Schwäche. Sie sind es, die es uns ermöglichen, die automatisierten, effizienten Schaltkreise im Gehirn auszunutzen.

- Eine gemäßigte Menge an Schmerz hilft, der Aktivität, die den Schmerz verursacht hat, einen gewissen Sinn zu geben. Die Voraussetzung ist allerdings, dass die Schmerzen moderat sind, innerhalb einer angemessenen Zeit aufhören und dass daraufhin eine entsprechende Belohnung folgt. So lernen wir, diesen Mechanismus auszunutzen, indem wir Aufwand und Belohnung im Verhältnis zur Wichtigkeit der Handlung, die wir ausführen wollen, abwägen.

Ein Beispiel: Am Ende einer vierstündigen Wanderung im Hochgebirge hat sich die Mühe gelohnt, wenn das Ziel Befriedigung und wertvolle Erfahrungen bietet (eine atemberaubende Aussicht, das Gefühl, an der höchsten Stelle zu stehen, ein deftiges Mittagessen aus leckeren lokalen Produkten in einer Berghütte, der Blick auf Naturelemente, die nicht jedem zugänglich sind). Wenn wir aber gezwungen sind, vier Stunden unter der Sonne über die Wiesen hinter unserem Haus zu laufen, ohne irgendein Ziel zu erreichen, ohne etwas Neues oder Angenehmes zu sehen, dann wird diese Erfahrung schnell als nur „schmerzhaft" wahrgenommen und negative Gefühle werden damit verbunden. Im ersten Beispiel werden die Müdigkeit und die Schmerzen stattdessen als positiv und erträglich wahrgenommen und in unserem Gehirn gespeichert.

### Die Schlüsselrolle des Dopamins

Man kann nicht von Genuss sprechen, ohne das Schlüsselelement für die Entstehung angenehmer Empfindungen zu erwähnen: das Dopamin. Mehr oder weniger alle kennen es, aber wir wissen weniger über die Mechanismen Bescheid, die bei den Reaktionen ins Spiel kommen und zum Lustempfinden führen. Diese Mechanismen treffen daher auch die Entscheidung, eine bestimmte Handlung weiterhin auszuführen.

Dopamin ist eines der wichtigsten Neurotransmitter. Seine Funktion besteht nicht nur darin, das Lustempfinden zu ermöglichen. Seine heterogene Natur gibt uns einen ersten Hinweis auf seine Bedeutung für jedes Thema über Gewohnheiten und Disziplin: Dopamin ist an sehr wichtigen Kontrollfunktionen beteiligt, unter anderem an denen, die mit Bewegung, Gedächtnis, Aufmerksamkeit und Schlafregulierung zusammenhängen. Dopamin wird von Neuronen produziert, die sich in bestimmten Bereichen des Gehirns befinden, und ermöglicht als Neurotransmitter die Kommunikation zwischen den Neuronen. Es ist im Wesentlichen ein „Träger" spezifischer Botschaften, die eine Zellaktivierung in verschiedenen Teilen des Körpers veranlassen.

Dopamin ist auch an vielen Mechanismen beteiligt, die dem Lernen zugrunde liegen, und da unsere Gewohnheiten nichts anderes als erlernte automatische Reaktionen sind, spielt Dopamin selbstverständlich auch bei der Bildung der Gewohnheiten selbst eine wesentliche Rolle. Wir können dem Dopamin also nicht entkommen. Wenn überhaupt, dann müssen wir lernen zu erkennen, wie es auf unser Gehirn wirkt, und dieses Wissen zu unserem Vorteil nutzen.

Lasst uns nun sehen, wie Dopamin die Art unseres Handelns beeinflusst:

- Es wird erzeugt und freigesetzt, wenn ein Signal in der Umwelt an eine Handlung erinnert, die uns Freude bereitet hat. Dopamin wird in dem Moment freigesetzt, wenn der

*Wunsch nach dieser Freude* in uns entsteht. Das bedeutet, dass das Begehren schon die Freude selbst ist. Es aktiviert in uns sozusagen eine Vorschau auf die Befriedigung, die uns Genuss bereitet, wenn wir eine bestimmte Handlung ausführen.

- Das Verlangen regt uns zu einer Handlung an, unterstützt durch das Hormon Adrenalin (Dopamin ist dessen Vorstufe), das den Zellen die Signale gibt, um den Körper auf eine Aktivität vorzubereiten

- Sobald die Handlung abgeschlossen ist, „besiegelt" Serotonin das Erlangen der Lust, indem es ein Gefühl der Zufriedenheit und Befriedigung vermittelt.

Es versteht sich von selbst, dass das Gehirn es als Kettenreaktion, die in etwas äußerst Gutem mündet, als positiv erkennt und speichert, um sie zu wiederholen und sie bei der Erkennung des kleinsten Signals umzusetzen. Aus diesem Grund wird es mit der Zeit immer schwieriger, diesen Reaktionen entgegenzuwirken: Denn in dem Moment, in dem wir das Signal wahrnehmen, das die automatischen Verhaltensweisen aktivieren kann, die uns Freude schenken, greift Dopamin in unser zentrales System ein, um uns einen Vorgeschmack auf die Befriedigung und

Zufriedenheit zu geben, die wir bald empfinden werden. Schwer zu widerstehen!

Es ist kein Zufall, dass Dopamin bei Suchtkrankheiten eine zentrale Rolle spielt. Psychoaktive Substanzen wie Drogen verursachen eine erhöhte und wichtige Freisetzung von Dopamin. Deshalb gelingt es ihnen, unseren Widerstand zu überwinden und die Vernunft zu besiegen. Sie wirken auf den empfindlichsten Punkt unseres Gehirns, auf den Lustmechanismus, indem sie ihn buchstäblich mit als angenehm und daher „positiv" empfundenen Erfahrungen überfluten.

Dieses Bild scheint das schlimmste Szenario heraufzubeschwören: Wir können gar nicht anders, als den Kampf gegen unser Gehirn und seine auf das Überleben und das Streben nach Genuss ausgerichteten Mechanismen zu verlieren. Glücklicherweise ist dies nicht der Fall, denn wir können Dopamin mit etwas List zu unserem Vorteil einsetzen. Das Hormon ist mit Befriedigung und mit Belohnung verbunden. Jede Handlung, die wir wiederholen wollen, jedes Verhalten, das wir automatisieren wollen, muss irgendwie angenehme Empfindungen hervorrufen.

Disziplin ist also keine Liste von ermüdenden und unangenehmen Regeln, die wir einfach nur befolgen müssen. Wir haben jetzt den Beweis, dass das niemals funktionieren würde. Deshalb müssen wir klüger sein und etwas Unangenehmes in eine angenehme

Erfahrung verwandeln können. Alles in allem sollte es für uns nicht wichtig sein, dass es mit viel Aufwand verbunden ist, ein bestimmtes Ziel zu erreichen. Es sollten die Vorteile und die uns am Ende erwartende Belohnung sein, die unsere Aufmerksamkeit erregt.

Wir müssen uns aktiv darum bemühen, die Vorteile und Freuden zu erkennen, die mit einer Tätigkeit verbunden sind, von der wir wissen, dass sie uns Mühe kosten wird. Wir müssen den Verstand wirklich „täuschen", indem wir seine Aufmerksamkeit auf die angenehmen Aspekte lenken. Diese sollten wir betonen, ihnen mehr Aufmerksamkeit schenken und ihre Merkmale analysieren. Kurz gesagt: Wir müssen versuchen, uns für sie zu begeistern.

Ein einfaches Beispiel soll helfen, diesen Prozess zu verdeutlichen.

- Wir wollen uns angewöhnen, jeden Morgen das Bett zu machen, vergessen es aber regelmäßig.

- Warum wollen wir das zur Gewohnheit machen? Warum stört es uns abends, in ein nicht gemachtes Bett zu schlüpfen? Warum fürchten wir, dass sich tagsüber Staub und Schmutz unter den Laken ansammeln könnte? Vielleicht haben wir ein Haustier und es stört uns, wenn wir es tagsüber auf unserem Laken finden, wenn es zum Schlafen auf das Bett steigt? Sind unerwartete Gäste gekommen und wir schämen uns nachmittags wegen des nicht gemachten Betts?

- All das sind gute Gründe, und es ist wichtig, *unseren* Beweggrund nachvollziehen zu können. Wir sollten uns darauf konzentrieren und die negativen Emotionen analysieren, die es bei uns auslöst. Folgen wir dem Leid, das diese Beweggründe für uns darstellen. Egal, wie unbedeutend es im Vergleich zu den wirklichen Problemen des Lebens scheinen mag, auch dieses Leid existiert, und unsere Aufgabe ist es, es noch zu verstärken, damit die Aufmerksamkeit des Gehirns dorthin gelenkt wird.

- Konzentrieren wir uns nun auf die Freude und die Belohnungen, die wir empfinden, wenn wir das Bett sofort nach dem Aufstehen machen. Dadurch können wir das Leid, das durch das ungemachte Bett verursacht wird, vergessen. Auch hier betonen wir die positiven Empfindungen, die angenehmen Emotionen, die wir durch das Aufräumen verspüren werden.

- Denken wir nun an die Befriedigung. Wenn die positiven Emotionen dieser Handlung nicht ausreichen, um uns zu befriedigen, sollten wir nach einer Belohnung von außen suchen. Wir könnten zum Beispiel darüber nachdenken, eine neue Tagesdecke mit einem besonders ansprechenden, einzigartigen, unverwechselbaren Design zu kaufen, das uns in gewisser Weise anspricht und uns zufrieden macht. Stellt euch vor, wir empfangen zu Hause Gäste, die uns zu unserer neuen Bettdecke gratulieren: „Wunderschön, wo hast du die denn gefunden?! Ich hätte auch gern so eine!"

- Erinnern wir uns an all diese Dinge, wenn wir die neue Handlung (das Bett machen) zum ersten Mal durchführen. Konzentrieren wir uns auf positive Emotionen, aktivieren wir und genießen wir die kommende Befriedigung. Sehen wir es als eine „stilistische" Übung: Ein gemachtes Bett wird die Welt nicht retten, aber wir können schon mal damit üben, bevor wir den anspruchsvollen Herausforderungen im Leben begegnen!

# 2. Kapitel

## Gewohnheiten und Disziplin

Wann immer wir über Disziplin sprechen, kommen wir um die Frage der Gewohnheiten nicht herum. Wenn ihr beim Thema Gewohnheit an euer Lieblingscaffè denkt, wo ihr jeden Morgen frühstückt, dann ist es wirklich an der Zeit, den Blick zu erweitern. Gewohnheiten kontrollieren buchstäblich unser Leben und sind das Ergebnis eines ausgeklügelten Prozesses der Energieoptimierung, die in unserem Gehirn stattfindet.

Auch hier müssen wir wieder beim Gehirn starten, wenn wir auf dieses Thema eingehen wollen. Zuerst müssen wir aber mit einem falschen Mythos aufräumen: Die Gewohnheiten hängen nur zu einem geringen Teil von unserer Willenskraft und zum größten Teil von der biologischen Natur unseres komplexesten Organs ab. Das Gehirn hat nämlich in jeder Sekunde einer jeder Minute eines jeden Tages eine wichtige Aufgabe, nämlich Energie für mühsame Aufgaben zu sparen.

Eine dieser Aufgaben ist sicherlich das Überleben. Wir haben bereits gesehen, wie das Gehirn regelrecht davon besessen ist, und wir können es auch nun beobachten: Um kostbare geistige Energien zu sparen, versucht es, so viele Handlungen wie möglich zu automatisieren, denn etwas, das nicht unserer bewussten Aufmerksamkeit bedarf, erfordert natürlich weniger Anstrengungen unsererseits.

Gewohnheiten sind nichts anderes als automatische Reaktionen auf Reize, die unser Gehirn zu erkennen gelernt hat. Es sind Handlungen, die wir so oft wiederholt haben, dass sie sich nun unserer bewussten Kontrolle entziehen. Sobald wir den Reiz spüren, reagieren wir automatisch, indem wir das in unserem Gehirn festgelegte Verhalten umsetzen. Gewohnheiten werden dank spezifischer neuronalen Verbindungen, die sich nur den automatischen Handlungen widmen, gefestigt.

Genau deshalb reagieren wir auf einen oder mehrere innere oder äußere Reize, indem wir eine Handlung ausführen, die wir dank zahlreicher Wiederholungen gelernt haben. Bis hier ist alles klar. Trotzdem fragen wir uns spontan: Wie wählt unser Gehirn unter den vielen möglichen Antworten (d.h. den vielen Verhaltensweisen, durch die wir auf einen Reiz reagieren können) die sinnvollste aus? Wählt es einfach die Verhaltensweisen, die am auffälligsten sind?

Hier zeigt sich die letzte Eigenschaft der Gewohnheit, die wichtigste von allen: Befriedigung. Inzwischen sollte klar sein, dass das Gehirn nach Befriedigung strebt und Schmerzen scheut. Doch wie unterscheidet es zwischen zu belohnenden Handlungen, deren Wiederholung es immer wieder veranlasst, und anderen, die es ablehnt, weil sie als unprofitabel erscheinen? Dies geschieht auf der Grundlage der Belohnung, also je nachdem, wie lohnend eine Tätigkeit ist. Wenn eine Handlung oder ein Verhalten vorteilhaft für uns ist, wenn es uns Freude bereitet, dann wird es in den Schaltkreisen des Gehirns fixiert und wird automatisiert, wenn bestimmte Reize gesendet werden. Geschieht das nicht, so müssen wir jedes Mal eine beträchtliche freiwillige Anstrengung auf uns nehmen, um so zu reagieren, wie wir auf einen Stimulus reagieren wollen, anstatt die Antwort zu akzeptieren, die das Gehirn für uns ausgewählt hat.

Dankbarkeit, Belohnung, Befriedigung: Was ist das überhaupt? Es hat jedenfalls nichts mit Science-Fiction zu tun. Wie wir bereits gesehen haben, ist Befriedigung etwas, was Dopamin in unseren Körper leitet. Ich habe euch schon erklärt, dass das Gehirn die Kontrolle über alles hat, und hier habt ihr den Beweis. Für das Gehirn ist es sehr einfach, unsere Handlungen zu kontrollieren, es reguliert die Menge an Dopamin, das als Reaktion auf bestimmte Reize produziert wird, sodass es genau darüber „Bescheid weiß", was uns Freude bereitet und was nicht. Deshalb ist es so einfach, „schlechte"

Gewohnheiten zu übernehmen, denn auf die eine oder andere Weise bereiten sie uns immer Freude!

Jetzt ist das Bild vollständig. Die Gewohnheit folgt also einem präzisen Weg: Reiz/Signal, Handlung, Belohnung. Habt ihr wirklich gedacht, dass ihr euch eure Gewohnheiten selbst ausgesucht habt? Ihr werdet euren Glaubenssatz überprüfen müssen, denn wir sind deren Gefangene, wortwörtlich. Wir sind von den Auswirkungen der Schaltkreise des Gehirns abhängig, die von den Gewohnheiten genutzt werden. So ist unser gewohnheitsmäßiges Handeln nie das Ergebnis einer freien Entscheidung. Wenn wir die positive Seite der Dinge betrachten wollen, setzt dies eine Menge geistiger Energie frei, die wir ständig benötigen, um die so genannten übergeordneten Funktionen des Gehirns zu nutzen. Das Gedächtnis, die Kognition, die Lernprozesse und die Problemlösung sind Beispiele für Aktivitäten, die unsere ganze oder fast unsere ganze Aufmerksamkeit erfordern, damit sie umgesetzt werden können. Wir wären nicht in der Lage, sie auszuführen, wenn wir jede Sekunde unseres Lebens daran denken müssten, etwas zu machen, was wir eigentlich schon seit unserer Kindheit tun.

Gewohnheiten können uns allerdings auch in Versuchung führen. Tatsächlich haben wir gesehen, dass sie eng mit den Schaltkreisen der Befriedigung zusammenhängen. Jene Handlung, die in der Lage ist, eine größere Freisetzung von Dopamin auszulösen, gewinnt, manchmal sogar, wenn sie jenseits unserer Ethik und moralischen Grundsätze liegt. Dies ist auch der Mechanismus, durch den Abhängigkeiten von psychoaktiven Substanzen wie Drogen und Alkohol entstehen. Diese Substanzen sind in der Lage, auf das Gehirn einzuwirken und eine riesige und sofortige Freisetzung von Dopamin zu bewirken, die viel höher ist als die, die durch natürliche, angenehme Tätigkeiten hervorgerufen werden kann, und die länger anhält. Abhängige wollen ein leichtes Spiel haben, und genau das haben sie auch: Da Dopamin an der Bildung der Schaltkreise im Gehirn beteiligt ist, die die Wiederholung und Automatisierung von Verhaltensweisen regulieren, bilden sich schlechte Gewohnheiten schneller aus und bleiben stärker in unserem Gehirn verankert.

Es gibt einen weiteren Faktor, der in Bezug auf unsere Gewohnheiten gegen uns arbeitet, nämlich unser angeborener Widerstand gegen Veränderungen. Wir mögen neue Dinge nicht, weil unser Gehirn sie nicht mag: zu viele Risiken, zu viele Gefahren, zu viele unbekannte Faktoren. Wir Menschen sind also im Durchschnitt von Natur aus dazu geneigt, jede Veränderung zu fürchten. Wir tun alles, um sie zu vermeiden, sie hinauszuschieben, einen Weg zu finden, sie so unscheinbar wie möglich zu machen. Diese Lebensphilosophie geht Hand in Hand mit Gewohnheiten, denn Gewohnheiten bedeuten, dass nichts neu ist. Es gibt keinen Grund, sich zu entscheiden, sich mit neuen Veränderungen auseinanderzusetzen.

Wenn wir unser Leben ändern wollen und nach einer härteren Disziplin suchen, um einen Tag anzugehen, wenn wir in unserem Leben eine Routine einführen wollen, die uns ein gutes Gefühl gibt und damit aufhören wollen, ständig Dinge aufzuschieben, dann müssen wir uns direkt mit unseren Angewohnheiten auseinandersetzen, um herauszufinden, wie wir die schlechten loswerden und Platz für neue und vorteilhaftere Gewohnheiten schaffen können.

## Wie man das Gehirn austricksen kann

Von dem, was wir bisher gelesen haben, scheint es, als ob wir nichts tun können, um der Macht unseres Gehirns entgegenzuwirken. In gewisser Weise ist das auch so. Die Beziehung zwischen dem Menschen und seinem Gehirn ist eine ganz besondere: Wir benutzen dieses außerordentliche Organ, aber wir werden auch in vielen unserer täglichen Verhaltensweisen tief von ihm beeinflusst. Das ist eigentlich nichts Schlechtes, wenn wir bedenken, dass die Anstrengungen der Wissenschaft es uns ermöglicht haben, eine Menge Wissen darüber zu sammeln, wie das Gehirn funktioniert. All dieses Wissen wird heute vom Menschen genutzt, um ein möglichst hohes Wohlbefinden zu erlangen. Denken wir beispielsweise an die Psychotherapie, wo sich die Psychologen der Informationen über die Funktionsweise des Geistes bedienen, um uns zu helfen, schwierige Situationen zu überwinden, in denen wir passiv die „Wutanfälle" unseres Geistes erleiden müssen. Diese Situationen kommen häufiger vor, als wir denken, und die meiste Zeit entstehen sie, weil wir und unser Gehirn unterschiedliche Ziele verfolgen. Manchmal müssen wir uns ändern, aber manchmal ist es mithilfe bestimmter Techniken auch möglich, das Verhalten des Gehirns gerade so weit zu beeinflussen, dass wir unsere Ziele erreichen.

Wenn unser Wohlbefinden mit der Art und Weise, wie wir unser Leben führen, zusammenhängt, ist es leicht zu verstehen, wie wichtig es ist, diszipliniert zu sein. Es ist von großer Bedeutung, immer in der Lage zu sein, das zu tun, was wir für richtig halten, unabhängig von äußeren und inneren Bedingungen, d.h. unabhängig davon, was unser Gehirn für mehr oder weniger angemessen hält. Aber wie können wir das schaffen, wenn es der Kopf ist, der das Spiel kontrolliert? Wie können wir unseren Willen durchsetzen, wenn die meisten Handlungen, die wir täglich ausführen, Kinder der Gewohnheit sind?

Eine Antwort darauf zu finden ist einfach: Indem man lernt, die gleichen mentalen Schaltkreise auszunutzen, die auch unser Gehirn benutzt, um uns zu „zwingen", einen Weg dem anderen vorzuziehen. Es versteht sich von selbst, dass die erste und wichtigste Voraussetzung nach wie vor eine große Willenskraft ist. Der Wunsch nach etwas ist die notwendige Voraussetzung dafür, dass unser gesamtes System in Bewegung gesetzt werden kann. Manchmal werden wir stark motiviert sein, bestimmte Maßnahmen zu ergreifen, manchmal eher weniger, doch das spielt keine Rolle. Wichtig ist, dass jede Maßnahme, die wir treffen, mit einem Ziel verbunden ist, das für uns einen großen Wert hat. Damit aufhören, Dinge aufzuschieben, kann für den Moment kostspielig und mühsam sein, aber wir müssen uns auf die enormen Vorteile konzentrieren, die wir dadurch langfristig erreichen werden (ein Beispiel: einen größeren Gewinn, weil wir effizienter und produktiver sein werden).

Es geht also nicht darum, zu versuchen, uns von Angewohnheiten zu befreien und unsere Natur als Gewohnheitstiere zu verleugnen, sondern zu lernen, schlechte Angewohnheiten loszuwerden und sie durch neue zu ersetzen, die sich positiv auf uns auswirken. Der Schaltkreis der Gewohnheit kann in der Tat „gehackt" werden: Es stimmt, dass unser Gehirn die automatischen Reaktionen bestimmt, die wir instinktiv in die Tat umsetzen und die uns dazu veranlassen, sie zu wiederholen. Es ist allerdings ebenso wahr, dass wir einen falschen Kontext „aufbauen", ein ausgeklügeltes Verhalten umsetzen und uns belohnen können, um unser Gehirn dazu zu bringen, dieses Verhalten als befriedigend zu erkennen.

Erinnert ihr euch, was wir über Gewohnheiten gesagt haben? Sie folgen einem bereits festgelegten Pfad: Signal/Stimulation, Routine, Befriedigung. Wenn wir die Gewohnheit, die wir ablegen wollen, erst einmal benennen können, dann können wir sie in eine bessere umwandeln.

1. Signal oder Reiz: Es ist der Weckruf für unser Gehirn. Mit der Zeit lernen wir, mehrere Signale zu erkennen, die mit einem bestimmten Verhalten zusammenhängen und aus der Umwelt stammen. Wir sollten auf alles achten, was in uns Reaktionen auslöst, die nicht mehr wirksam sind. Wenn ihr euch bei der Ausführung einer gewohnten Handlung „erwischt", haltet kurz inne und denkt darüber nach, was sie ausgelöst hat. Konzentriert euch auf das Hauptsignal oder den Hauptreiz, sobald ihr es/ihn identifiziert habt. Dies wird euer Ausgangspunkt sein.

2. Routine: Dies ist das Verhalten, an das wir uns gewöhnen möchten. Achtet darauf, dass es nicht zu kompliziert ist und leicht erlernt werden kann. Die ersten paar Male, die wir uns so verhalten, müssen wir es bewusst tun, indem wir auf die Handlungen achten, die wir begehen, und die Emotionen, die uns begleiten. Emotionen fördern den Lernprozess sehr, und wir schaffen es, unserem Verstand

buchstäblich ein „neues" Verhalten beizubringen.

3. Belohnung: Sie muss mit Sorgfalt ausgewählt werden. Im Falle von Handlungen, an die wir uns gewöhnen wollen, die aber nicht besonders selbstbefriedigend sind (wem gefällt es beispielsweise, die Post zu ordnen, die sich seit zwei Wochen auf dem Tisch stapelt?), müssen wir die Messlatte etwas höher legen und uns sofort belohnen. Wählt etwas, das sich für euch wirklich lohnt und euch gut fühlen lässt, denn das ist zweifellos der unterhaltsamste Teil des Prozesses! Die Belohnung kann materiell sein oder auch nicht. Wichtig ist, sie nicht herunterzuspielen und sicher zu sein, dass sie von unserem Gehirn als Freude empfunden wird (das bemerkt ihr spätestens daran, dass ihr am Ende zufrieden sein werdet).

Voilà, System erfolgreich gehackt! Oder zumindest fast. Die letzte Schlüsselkomponente in diesem Prozess ist die Wiederholung. Geduldig, konstant, präzise, methodisch: Wiederholt die neue Handlung konsequent mindestens drei Wochen lang. Wenn ihr euch über einen Monat damit beschäftigt, ist das sogar noch besser. Denkt daran: Unser Gehirn aktiviert seit Jahren die gleichen Schaltkreise mit absoluter Präzision. Wenn wir es zum Narren halten wollen, müssen wir sehr viel

Willen und Konsequenz an den Tag legen. Die endgültige Belohnung ist die Mühe jedoch absolut wert.

## Kognitive Verzerrungen erkennen und selbstständig Entscheidungen treffen

Die zahlreichen Entscheidungen, die wir tagtäglich treffen, sind eng verbunden mit den Gewohnheiten. Versucht mal, ein paar Minuten lang darüber nachzudenken. Denkt an all die Situationen, in denen ihr täglich wählen müsst, was ihr tun wollt, von den banalsten bis hin zu den wichtigsten. Überholen oder nicht, wenn die Ampel gerade auf Orange geschalten hat? Ein 3-zum-Preis-für-2-Angebot im Supermarkt ausnutzen? Heute oder morgen anrufen, um beim Mechaniker einen Termin für den Reifenwechsel zu buchen?

Keine Entscheidung ist einfach oder irrelevant. Jeder noch so kleine alltägliche Entschluss hat das Potential, eine Kettenreaktion auszulösen, positiv oder negativ. Deshalb sind Entscheidungen für unser Gehirn so wichtig, und wie wir im ersten Teil gesehen haben, sorgt es dafür, dass wir immer genügend geistige Ressourcen haben, um bei den wichtigen Entscheidungen präsent zu sein. Und was ist mit all den anderen Entscheidungen? Für die unzähligen Situationen, in denen wir uns tagtäglich befinden, wo wir ein Urteil zu fällen und damit eine Entscheidung treffen müssen, verwendet das Gehirn sozusagen

„erleichternde" Denkwerkzeuge. Mit anderen Worten, es befreit uns von der Notwendigkeit, ständig das Für und Wider einer jeden Situation zu analysieren. Es macht es uns leichter, Entscheidungen zu treffen.

Abkürzungen sind jedoch nicht immer frei von Komplikationen. In der Tat haben wir gesehen, dass das Gehirn auf den logischen Prozess und die punktuelle Analyse der reellen Daten verzichtet, um uns eine einfache, schnelle und sichere Entscheidung zu ermöglichen. Man könnte sagen, dass es die Merkmale einer Situation erkennt und uns, ohne sich um eine objektive Analyse zu kümmern, zu einer Entscheidung führt, indem es die Situation nach bestimmten Prinzipien interpretiert, die wir jetzt näher betrachten werden. Im Folgenden werden die häufigsten kognitiven Verzerrungen aufgelistet, die das Risiko bergen, uns „in Schwierigkeiten" zu bringen, d.h. uns daran zu hindern, wirklich *selbst* Entscheidungen zu treffen, ohne jegliche Konditionierung.

### Bestätigungsfehler

Es ist sicherlich die bekannteste und aktivste kognitive Verzerrung innerhalb der Bevölkerung. Diese Verzerrung wirkt in uns, indem sie uns dazu bringt, Menschen und Gruppen mit anderen Ansichten als den unseren zu meiden, um uns instinktiv jedem zu nähern, der so denkt wie wir. Das bedeutet auch, dass wir mehr Wert auf eingehende Informationen legen, die unsere Überzeugungen bestätigen. Die anderen werden hingegen ignoriert und sind zweitrangig.

### Ankerheuristik

Die ersten Informationen, die wir erhalten, sind normalerweise ein „Anker", an den wir uns klammern, wie ein Fixpunkt, durch den wir die nächste Information auswerten können. Das führt dazu, dass unsere Einschätzungen oft sehr relativ sind: Die Informationen, die wir als erste erhalten haben, werden - oft unangemessen - als Referenzmodell genommen, auch wenn es dafür keine objektiven Gründe gibt.

### Frequenz-Illusion

Fälschlicherweise wählen wir in Wirklichkeit nur die Informationen aus, die irgendwie mit uns in Verbindung stehen. Wir glauben also, dass es eine bestimmte Art von Daten viel häufiger gibt, während wir in Wirklichkeit dazu geleitet werden, genau diese Angaben eher wahrzunehmen, weil sie sich auf etwas beziehen, das uns betrifft.

### Einflussheuristik

Genauso neigen wir auch dazu, stärker zu bemerken, was wir in diesem Moment wollen. Wenn wir beispielsweise hungrig sind, werden wir unter allen uns beeinflussenden Informationen aus der Außenwelt genau jene bemerken, die mit Lebensmitteln zu tun haben.

### Status-quo-Verzerrung

Wie wir bereits gesehen haben, flieht unser Gehirn angesichts der Veränderungen, da diese ein potenzielles Risiko für das Überleben darstellen (laut ihm, wohlgemerkt!). Deshalb lässt uns die Verzerrung des Status quo immer glauben, dass alles, was die aktuelle Ordnung der Dinge untergräbt, potenziell gefährlich ist. Wir neigen zu der Ansicht, dass es negative Folgen haben wird, wenn wir eine andere Wahl treffen als die für uns übliche.

### Verzerrung der Gegenwart

Wir haben gerade die Gewohnheiten analysiert, deshalb passt diese starke Verzerrung sehr gut, da sie zugunsten unserer Angewohnheiten ist. Die Verzerrung der Gegenwart lässt uns eher zu Handlungen mit sofortiger Befriedigung neigen und hindert uns daran, die langfristigen Vorteile einer Tätigkeit zu sehen. Wir fühlen uns mehr und mehr von einem schnellen Gewinn angezogen als von einem langfristigen, auch wenn sich letzterer manchmal als viel größer erweist.

### Verzerrung des Optimismus

Wenn ihr unverbesserliche Optimisten seid, dann seid ihr nicht die einzigen. Der Mensch neigt dazu, optimistisch zu sein und seine Zukunft viel positiver zu sehen, als sie tatsächlich sein könnte. Dies führt dazu, dass wir weniger realistisch sind, als wir sein sollten, insbesondere wenn wir Entscheidungen treffen.

## Verzerrung der Handlung

Nicht alle, aber doch viele von uns, neigen dazu, eher zu handeln als untätig zu bleiben, ohne jede rationale Grundlage, die uns diese Möglichkeit nahelegt. Wenn man zwischen zwei Optionen entscheiden muss, wählen diejenigen, die nach dieser Verzerrung handeln, die Option, die aktives Handeln verlangt.

## Unterlassungseffekt

Auch wenn sich die Handlung als vorteilhafter erweist, neigen wir durch den Unterlassungseffekt zur Passivität, im Gegensatz zur Verzerrung der Handlung. Etwas unterlassen, also nicht zu handeln, wird aus Angst vor falschen Entscheidungen und damit verbundenen Gewissensbissen bevorzugt.

Es gibt viel mehr kognitive Verzerrungen, aber das Ziel hier ist sicherlich nicht, sie alle aufzulisten, sondern zu verstehen, wie wir uns gegen sie verteidigen können. Ihr fragt euch vielleicht, warum ich diese hier aufgelistet habe? Der Grund ist einfach: Wissen ist Macht, und besonders auf dem Gebiet der Psychologie und der Kognitionswissenschaft ist dies sehr zutreffend. Es gibt keine „patentierten" Maßnahmen, um zu verhindern, dass kognitive Verzerrungen in unserem Namen handeln. Es gibt keine Abkürzungen, die uns dabei helfen, mit jenen fertigzuwerden, die unser Gehirn auf uns anwendet. Wir müssen uns einfach dessen bewusstwerden und unsere Ohren spitzen. Man kann auch Stift und Papier zur Hand nehmen und sich notieren, was in einer bestimmten Situation passiert war, in der wir Bitterkeit über ein erbrachtes Ergebnis verspürt haben. In der Analyse unseres Entscheidungsprozesses liegt die Möglichkeit, das eigene Bewusstsein zu schärfen. Wenn wir das nicht tun, werden wir immer unsere eigenen Opfer sein, im Übrigen ohne einen realen Feind, dem wir die Schuld geben können.

Denkt daran, dass das Ziel nicht Perfektion ist, die es schlussendlich gar nicht gibt. Das Ziel ist die *Organisation* und die Fähigkeit, mehr und mehr von dem zu kontrollieren, was tagtäglich in unserem Kopf passiert. Diese Prozesse zu lenken, von denen der gewöhnliche Mensch fast vollständig ausgeschlossen ist, ist unser Ziel.

## Eine unerschütterliche Willenskraft aufbauen

Ohne Wille kein Weg, das habt ihr sicher des Öfteren schon zu hören bekommen. Das kommt nicht von ungefähr: Die Willenskraft ist im Leben absolut notwendig. Auch diesmal müssen wir uns mit unserem Gehirn arrangieren und herausfinden, wie wir es täuschen können, oder besser gesagt, wie wir es so manipulieren können, dass wir das Beste aus ihm herausholen und nicht Opfer seiner "Tücken" werden.

Man könnte annehmen, dass einem die Willenskraft schon in die Wiege gelegt wird. Tatsächlich denken wir oft auf diese Weise über uns selbst nach. Wir beurteilen uns, kommen nicht weiter und erhöhen oder verringern auf diese Weise unsere Erfolgschancen drastisch in Bezug auf die Aufgabe, die wir uns gestellt haben. Es steckt jedoch ein Körnchen Wahrheit darin: Genetik und Umwelt haben einen großen Einfluss darauf, wer wir sind. Das bedeutet, dass eine große Willenskraft auch von den Eigenschaften abhängen kann, die wir von unseren Eltern geerbt haben, und von der Art und Weise, wie wir erzogen wurden. Es ist jedoch absolut falsch, zu denken, dass wir auch als Erwachsene keinen starken Willen entwickeln können, auch wenn unsere Vergangenheit voller Misserfolge und Projekte ist, die begonnen und nie fertiggestellt wurden. Ihr könnt euch jederzeit ändern, jederzeit. Es genügt, zu wissen, wie man das anstellt.

Wir haben gesagt, dass unser Gehirn auch an den Mechanismen beteiligt ist, die unsere Willenskraft steuern. Um die Frage gleich zu beantworten: Ja, auch diesmal ist der Schlüssel wieder die *Befriedigung*. Alles oder fast alles in unserem Leben dreht sich darum. Willensstärke ist in der Tat eng mit der Fähigkeit zur Selbstbeherrschung verbunden, die nichts anderes ist als die Eigenschaft, der Versuchung der augenblicklichen Befriedigung zu widerstehen. Wir sind also von Natur aus dazu geneigt, heute das Ei und nicht morgen die Henne zu nehmen. Das haben wir auch bemerkt, wenn wir über kognitive Verzerrung sprechen: Die unmittelbare Befriedigung erscheint uns immer praktischer, wir sind blind angesichts langfristiger

Vorteile. Oft sind wir wirklich nicht in der Lage, sie zu sehen, und streben dann nach dem naheliegenden Genuss, ohne zu bemerken, dass wir die Chance auf künftiges, langfristiges Wohl verpassen. *Verzögertes Wohlgefallen* interessiert uns nicht.

Doch der Vorteil ist oft riesig, denn die aufgeschobene Befriedigung ist meistens größer als die unmittelbare Freude. Warum wählen wir also immer letztere? Ganz einfach: Unser Gehirn bringt uns dazu, da es komfortabler ist und durch automatische Handlungen ausgeführt wird. Wir können uns allerdings auch für einen anderen Weg entscheiden. Es handelt sich für das Gehirn um eine Schulung, den präfrontalen Kortex stärker zu nutzen und auf den Mechanismus der Lustempfindung zu verzichten, der, wie wir gesehen haben, sehr mächtig ist und über unseren Willen hinaus wirkt. Zum Glück ist die Willenskraft wie ein Muskel und kann trainiert werden, sodass wir immer besser darin werden, uns zu beherrschen, abzuwarten und uns anzustrengen, um schlussendlich in der Zukunft befriedigt zu werden.

Zahlreiche psychologische Studien sind zum gleichen Ergebnis gekommen: Der Unterschied zwischen Menschen mit geringer und Menschen mit großer Willenskraft liegt in ihrer Fähigkeit, *Strategien zur Verzögerung der Befriedigung* anzuwenden. Das heißt, wir müssen lernen, uns abzulenken und den Schwerpunkt der Aufmerksamkeit vom unmittelbaren Vergnügen auf den größeren Nutzen zu verlagern, den wir später haben werden. Es gibt verschiedene Strategien, um unsere Aufmerksamkeit zu lenken, und jeder muss sicherlich seine eigene finden. Im Grunde genommen geht es darum, zu lernen, einen „Allarmknopf" zu aktivieren und zu erkennen, wann wir uns bemühen müssen, der Versuchung zu widerstehen, der unmittelbaren Befriedigung nachzugeben. Wenn wir dieses Bewusstsein erreicht haben, wird es leichter für uns sein, einen Ausweg zu finden, um uns über das Warten hinwegzutäuschen (genau diese Aktivität des Aufschiebens von Befriedigung stimuliert unseren präfrontalen Kortex).

Schauen wir uns mal an, was wir tun können, um die Muskeln unserer Willenskraft zu trainieren, unsere Impulse besser zu kontrollieren und der Versuchung zu widerstehen.

**Die kleinen Herausforderungen des Alltags:** sich immer wieder auf die Probe stellen. Erinnern wir uns daran, dass diese kleinen Herausforderungen die Generalprobe im Hinblick auf die großen Herausforderungen sind, die vor uns liegen. Wenn wir eine eiserne Selbstdisziplin erreichen wollen, müssen wir hier beginnen. Es kann beispielsweise die Entscheidung sein, Besorgungen in der Nähe zu Fuß erledigen, anstatt das Auto zu nehmen. Es kann aber auch die sein, eine Stunde früher schlafen zu gehen oder ein Buch zu lesen, anstatt die neuesten Meldungen der sozialen Netzwerke zu checken. Das sind kleine Herausforderungen, die uns zwar nicht unmittelbar Freude bereiten, die aber später von größeren Nutzen für uns sind.

**Richtige Mentalität:** sich kleinen Herausforderungen zu stellen, ist kein Gebot, das in Stein gemeißelt ist, aber es ist auch nicht zu unterschätzen. Man muss eine lockere Grundeinstellung bewahren, denn man sollte idealerweise auch Spaß an ihnen finden und uns selbst zu stimulieren. So werden wir angeregt, alles zu geben. Gleichzeitig sollten Schuldgefühle oder negative Gedanken keinen Platz haben, da immer Zeit ist, die Dinge wieder in Ordnung zu bringen. Der Sinn dahinter ist nicht, ein Urteil über sich selbst zu fällen.

**Ungewöhnliche Handlungen:** Eine einfache Möglichkeit, die Latte höher zu legen, besteht darin, sich zu zwingen, gewohnte Handlungen auf ungewöhnliche, etwas ermüdendere Weise auszuführen. Es kann sich sogar einfach nur um eine alltägliche Handlung handeln, die mit der nicht-dominanten Hand ausgeführt wird.

**Versuchungen:** Zu lernen, kleinen Versuchungen zu widerstehen, ist sehr wichtig, um die Willenskraft zu stimulieren. Ebenso wichtig ist es, zu lernen, wie man die Herausforderung so ausrichtet, dass sie zu einem größeren realen Nutzen führt, sobald man in der Lage ist, der anfänglichen Versuchung zu widerstehen. Ihr könnt versuchen, euch in Situationen zu versetzen, in denen ihr sofort befriedigt werdet, und euch dann herausfordern, Widerstand zu leisten: Ihr könnt zum Beispiel einfach das Schaufenster einer Konditorei bewundern und euch dann bemühen, weiter zu gehen und nichts zu kaufen. Wenn ihr das in diesem Fall einige Tage hintereinander tut, könnt ihr euch anschließend mit einer leckeren Süßspeise belohnen.

Die eigene Willenskraft zu erhöhen bedeutet, sich täglich immer wieder kleinen Anstrengungen zu stellen. Man muss in der Lage sein, seine Mentalität zu ändern und lernen, diese kleinen Herausforderungen als notwendige Schritte zu sehen, um die großen Ziele zu erreichen, die wir uns im Leben gesetzt haben. Denn genau so ist es: Keine große Veränderung kommt aus dem Nichts, kein wichtiges Ziel wird ohne Anstrengung erreicht. Wenn ihr euch angewöhnt, kleine Anstrengungen zu machen, dann werdet ihr in kurzer Zeit über eine so starke Willenskraft verfügen, dass ihr in der Lage sein werdet, euch sehr großen Herausforderungen zu stellen.

**Die Bedeutung der Motivation**

Was sollen wir nun mit dem Wissen machen, wie man einen festen Willen aufbauen kann? Scherz beiseite, Willenskraft geht Hand in Hand mit einer weiteren sehr wichtigen Voraussetzung, um eine eiserne Disziplin zu erreichen, die es uns erlaubt, alle Ziele zu erreichen, die wir uns gesetzt haben: Ich spreche von der Motivation.

Auch was die Motivation betrifft, mangelt es nicht an Mythen und Missverständnissen. Tatsächlich blicken die Menschen oft auf diejenigen, die im Leben erfolgreich sind, und beneiden sie um ihre „starke Motivation", die sicherlich das Ergebnis einer schwierigen Vergangenheit, eines Wunsches nach Rache, einer einzigartigen und besonderen Situation ist, ohne die es unmöglich wäre (laut Außenstehenden), Motivation zu haben. Es scheint fast so, als könne der „Normalbürger" nicht das Privileg haben, von einer starken Motivation zu profitieren, um seine Ziele zu erreichen. Schlussendlich lebt er ein bequemes Leben ohne große Versäumnisse.

Aus diesem Grund hat unsere Gesellschaft den Mythos der *extrinsischen* Motivation geschaffen. Wir werden oft wie Tiere betrachtet, die man locken will: Man muss nur die richtige „Karotte" finden, und schon geht uns von der Belohnung, die vor unserer Nase winkt, die Puste aus, ohne dass wir sie je wirklich erreichen. Dieser Mechanismus ist in unserer Gesellschaft leider sehr gebräuchlich, aber er hat sehr wenig mit der wahren Natur der Motivation zu tun. Die extrinsische Motivation hat im Allgemeinen eine sehr begrenzte Reichweite, und ihre positive Wirkung lässt recht schnell nach. Sie ist daher sehr unzuverlässig, denn erstens ist es schwierig, etwas Brauchbares zu finden, das jemanden motivieren kann (nein, das klappt auch nicht mit Geld, entgegen dem, was allgemein angenommen wird). Zweitens bröckelt der Motivationsantrieb, der uns eine reiche wirtschaftliche und materielle Belohnungen schenkt, leicht an den ersten Herausforderungen.

Was braucht unser Gehirn dann, um sich zu aktivieren? Was regt unseren Geist an, die richtige Haltung anzunehmen, die notwendig ist, um Hindernisse und Schwierigkeiten überwinden zu können? Das Geheimnis der Motivation liegt darin, dass sie etwas rein *Persönliches* ist. Verschiedene Studien und Experimente haben gezeigt, dass wir viel mehr an Belohnungen interessiert sind, die für uns einen persönlichen Wert haben und die die Verwirklichung und Verbesserung unserer Fähigkeiten betreffen, als an materiellen. Ein wirtschaftlicher Bonus, eine Gehaltserhöhung, eine Belohnungsreise, all diese Dinge sind super, aber was wir wirklich suchen, ist unsere persönliche Verwirklichung. Die Arbeit, die uns das Gefühl gibt, nützlich zu sein und geschätzt zu werden, ist also viel motivierender als die Arbeit, wo wir mit Geld überschüttet werden, die uns aber zu Tode langweilt oder, schlimmer noch, einige für uns wichtige Werte mit Füßen tritt oder uns unscheinbar fühlen lässt.

Auch *Herausforderungen* sind etwas, das uns sehr motiviert. Wir alle lieben die Herausforderung, den Wettbewerb, den Erfolg. Damit meint man nicht die Tatsache, andere zu übertreffen oder auf Kosten eines anderen zu gewinnen: Wir lieben den Erfolg als die Verwirklichung und Bestätigung unserer persönlichen Fähigkeiten, die Erweiterung unserer Kompetenzen. Letzten Endes sind wir die einzigen, denen wir unsere Erfolge wirklich zeigen wollen. Deshalb sollte die Motivation immer in uns selbst gesucht werden und nicht in den Wünschen anderer Menschen oder in externen materiellen Gütern.

Aber zurück zu der Herausforderung. Psychologen definieren eine *optimale Herausforderung* als eine, die unsere Motivation entfachen und stimulieren kann, ohne in uns Leistungsangst zu erzeugen. Unterhalb der Ebene der optimalen Herausforderung gibt es nicht genug emotionale Spannung, denn wir bewegen uns nicht, wir strengen uns nicht an, unser Verstand schläft, wir sind nicht interessiert. Der Grund ist einfach: Die vor uns liegende Aufgabe ist zu einfach. Es macht keinen Spaß, sie zu erledigen. Denkt daran, der Mensch liebt es, *sich fähig zu fühlen* und allein die Tatsache, dass er sich imstande fühlt, etwas zu leisten, ist an sich schon motivierend (darüber werden wir gleich sprechen). Wenn wir aber die Messlatte zu hoch ansetzen, wird die optimale Herausforderung zu schwierig, und die Angst übernimmt die Oberhand. Die Motivation schwindet, das Vorhaben entmutigt und deprimiert uns, es ist viel einfacher (und sicherer, denkt unser Gehirn), das Handtuch zu werfen.

Wir haben gesagt, dass der Mensch es liebt, sich gut zu fühlen, wenn er etwas tut. Dieses Phänomen nennt man *Flow-Erfahrung*: Wenn wir eine Tätigkeit ausüben, in der wir sehr gut und kompetent sind, unsere Motivation hoch ist und wir uns nicht müde fühlen, dann überwinden wir Schwierigkeiten leichter und bieten ohne große Probleme eine überdurchschnittliche Leistung. Wenn euch also die Motivation fehlt und ihr sie dringend braucht, dann versucht, etwas auszuprobieren, in dem ihr wirklich gut seid. Wenn ihr bemerkt, wie leistungsfähig ihr seid, dann könnt ihr euch auch weniger ansprechenden Herausforderungen stellen. Welche Aufgabe auch immer vor euch liegt, es gibt sicherlich einen Weg, sie auf eine sehr persönliche Art anzugehen, bei der eure besten Eigenschaften zum Tragen kommen. Dann wird es viel einfacher sein, diszipliniert zu sein und die Aufgabe zu erfüllen.

Ein anderer „Trick", der sehr oft angewendet wird, um die Motivation wiederzuerlangen, besteht darin, über den langfristigen Nutzen nachzudenken, den die Handlung, die wir durchführen müssen, uns bringen wird. Das ist das Kernstück der Disziplin: Man muss eine bestimmte Sache nicht erledigen, „weil sie getan werden muss", denn das ist keine Disziplin sondern blinder Gehorsam gegenüber Regeln. Manchmal ist auch das notwendig im Leben, aber man sollte trotzdem immer versuchen, den langfristigen Nutzen zu erkennen, den die Durchführung dieser Handlung uns bringen wird. Auf diese Weise wird es angenehmer sein und uns leichter fallen, sie durchzuführen, weil wir motivierter sein werden.

Motivation und Willenskraft sind eine „Naturgewalt" im Sinne von Disziplin. Auch hier haben wir gesehen, wie wir die Eigenheiten unseres Gehirns nutzen können, um die Situation zu unseren Gunsten zu wenden. Es ist schließlich sinnlos, einen unnachgiebigen Kampf gegen unser Gehirn zu führen: Es wird ihn immer gewinnen. Je mehr wir uns dem widersetzen, desto schlechter werden die Ergebnisse ausfallen. Es ist stattdessen sehr sinnvoll, zu versuchen, zu verstehen, wie unser Gehirn funktioniert, und nach den Zugangsmöglichkeiten unseres Verstands zu suchen, gute Beobachter unserer selbst zu werden und nach den richtigen Wegen zu suchen, um Mechanismen und Prozesse, die nicht verändert werden können, zu unseren Gunsten auszunutzen.

Der Versuch, die nötige Motivation für etwas zu finden und eine unerschütterliche Willenskraft zu entwickeln sind sicherlich zwei wesentliche Maßnahmen für diejenigen, die danach streben, Selbstdisziplin zu erlangen, die einem dabei helfen wird, die ehrgeizigsten Ziele zu erreichen.

### Energie tanken

Habt ihr euch schon einmal völlig energielos gefühlt, vor allem im Kopf, gerade dann, wenn ihr es am meisten nötig hattet? Ich bin sicher, dass ihr diese Frage bejahen werdet. Man könnte sagen, dass man sehr diszipliniert sein müsste, um sich stets energiegeladen zu fühlen, wenn es nicht die Energie selbst wäre, die man braucht, um überhaupt erst diszipliniert zu *werden*. Die klassische Katze, die sich selbst in den Schwanz beißt.

In jedem Fall ist der Mangel an mentaler Energie, noch vor der körperlichen Energie, die Ursache für das Scheitern zahlreicher persönlicher Vorhaben. Die Einhaltung selbst der einfachsten und banalsten Regeln wird fast unmöglich, wenn man sich nicht bereit, reaktionsfähig und voller Kraft und Energie fühlt. Deshalb ist neben dem Erlernen der Disziplin auch wichtig, zu verstehen, wie man wieder Energie tanken kann.

### *Erstes Gebot: Lasst es nie so weit kommen, keine Energie mehr zu haben*

Bevor ihr darüber nachdenkt, wie ihr euer Energielevel wiederherstellen können, solltet ihr zuerst sichergehen, dass euch die Energie nicht mitten am Tag ausgeht, oder noch schlimmer, dass ihr aus dem Bett steigt und gar keine habt. Das ist keine abwegige Wahrscheinlichkeit, vor allem, wenn man eine nicht gerade angenehme Zeit durchlebt, wenn die Probleme von überall auf einen zukommen und die Kopfschmerzen einen umbringen. Das kann jedem passieren, aber genau wie beim Platzregen, sobald man die Haustür öffnet, muss man eben auch hier den Regenschirm öffnen und Deckung suchen.

Die goldenen Regeln, um nicht zuzulassen, dass äußere Umstände euer Energielevel senken, sind simpel: schlafen und gut essen, sich genug ausruhen, sich mäßig körperlich betätigen. Diese Ratschläge sind zwar ausgelutscht, aber dennoch notwendig. Niemand hat je große Ziele erreicht, indem er nachts zwei Stunden schlief und zum Frühstück einen Hamburger aß. Glaubt mir, das ist wirklich so.

Vor allem wenn ihr euch besonders gestresst fühlt, solltet ihr zu den „Grundlagen" zurückgehen und versuchen, so regelmäßig wie möglich zu essen, euch auszuruhen und eure Aktivitäten zu organisieren. Tretet Schritt für Schritt auf das Bremspedal, bevor ihr euch dazu gezwungen seht, schlagartig die Handbremse anzuziehen.

### *Zweites Gebot: Respektiert euch selbst*

Wir sind auch nur Menschen und haben, wie jeder andere auch, Wünsche und Sehnsüchte. Es ist gut, dass wir darüber sprechen, wie man eine eiserne Disziplin entwickelt, aber seid nicht zu streng mit euch selbst: Verbote und Entbehrungen tragen dazu bei, eure Energiereserven zu schwächen, denn sie nähren Spannung und Stress. Tut also eure Pflicht, aber erlaubt euch gleichzeitig, die Regeln auch ab und an zu brechen, und konzentriert euch vor allem auf das, was euch glücklich macht. Ihr könnt über die Gründe nachdenken, warum ihr euch auf den Weg der Veränderung begeben habt, und vor allem über all die Ziele, die ihr in der Vergangenheit bereits erreicht habt und die euch zu Recht stolz machen. Es geht nicht um Prahlerei, sondern um die Pflege des Selbstwertgefühls: Zufriedene und selbstbewusste Menschen sind von Natur aus eher zum Handeln bereit.

### **_Drittes Gebot: Zieht auch mal den Stecker_**

Es ist sinnlos, auf etwas zu bestehen, wenn es nicht geht, dann hilft alles nichts. Wenn euer Kopf leer und es anstrengend ist, etwas zu erledigen, so ist dies eindeutig nicht der richtige Zeitpunkt dafür. Euer Körpersystem sagt euch, dass es Zeit ist, den Stecker zu ziehen und sich wieder aufzuladen. Die Natur und die Meditation sind zwei kraftvolle Energiequellen. Der Kontakt mit der Natur bzw. der Aufenthalt im Freien ermöglicht es uns, unseren Vitamin-D-Spiegel zu erhöhen. Das ist einerseits sehr wichtig für das Immunsystem und die Gesundheit im Allgemeinen, und andererseits auch gut für unsere Stimmung. Der Stresshormonspiegel sinkt, wenn wir uns in einer natürlichen Umgebung entspannen. Auch hier macht die Vorbeugung den Unterschied: Wartet nicht, bis ihr euch einen Monat lang in die totale Abgeschiedenheit zurückziehen müsst! Gönnt euch schon vorher - und zwar regelmäßig - Momente der Entspannung in Kontakt mit den Naturelementen. Euer Verstand wird es euch danken.

Wenn ihr euch während eines Spaziergangs in der Natur auch noch in Achtsamkeit übt, dann habt ihr zwei Fliegen mit einer Klappe geschlagen. Die Aufmerksamkeit ist eine besondere Art der Meditation, die darin besteht, im Hier und Jetzt präsent zu sein, sich des gegenwärtigen Augenblicks bewusst zu sein und sich auf nichts anderes zu konzentrieren. Die Übungen sind ganz einfach. Man braucht nicht im Schneidersitz mit halboffenen Augen dazusitzen und ins Leere zu starren (wenn euch das hilft, bitte!). Die Vorteile der Achtsamkeit sind wissenschaftlich erwiesen: Sie hilft, das Stressniveau zu senken, Energie aufzuladen und einige wichtige körperliche Parameter für das allgemeine Wohlbefinden zu verbessern. Alles, was ihr tun müsst, ist euch zu konzentrieren und an nichts zu denken. Lernt, den Gedankenfluss einfach fließen zu lassen, ohne über etwas Bestimmtes nachzudenken, und euch dabei vom Rhythmus der Atmung unterstützen zu lassen. Eure Aufmerksamkeit muss dort sein, muss sich auf den Atem konzentrieren, auf die Luft, die ein- und ausgeht. Gedanken werden kommen und gehen, aber ihr müsst euch darauf beschränken, sie vorbeiziehen zu lassen, als ob ihr ein externer Beobachter eures Geistes wärt. Es klingt schwierig, aber das ist es nicht. Die Ruhe der Natur kann euch bei dieser Übung helfen: Beginnt mit kleinen Zeitabschnitten, ein paar Minuten für den Anfang. Kehrt dann nach der kleinen Übung zu euren normalen geistigen Aktivitäten zurück. Steigert die Zeit, sobald ihr besser werdet.

Energie zu tanken ist nicht schwierig. Das einzig Schwierige ist, es rechtzeitig zu merken, wenn man kurz davor ist, keine Energie mehr zu haben. Vorbeugen ist besser als heilen, heißt es, und das trifft auch hier zu: Der Geist muss bereit sein und der Körper muss mitziehen, wenn ihr bei der Ausübung eurer Aktivitäten diszipliniert sein wollt, was auch immer diese sein mögen. Und dazu braucht man eine intakte Reserve an körperlichen und geistigen Energien.

## Die Bedeutung einer Morgenroutine

Wie kann man am besten dafür sorgen, dass die Energien, die mühsam wiederhergestellt und gelagert wurden, nicht sofort wieder verpuffen? Gewöhnt euch an eine effiziente Morgenroutine. Morgenstund hat Gold im Mund, das weiß ein jeder, seit Jack Nicholson von *The Shining* uns einen Ohrwurm verpasst hat. Aber das bedeutet nicht, dass man um 5 Uhr morgens aufwachen muss, um den Tag optimal zu nutzen: Wie wir in dem Kapitel über Chronobiologie und Hormone gesehen haben, hat jeder von uns einen anderen physischen und energetischen Zugang zum Tag. Das ändert jedoch trotzdem nichts daran, dass die ersten Momente des Tages, unabhängig von der Uhrzeit, entscheidend sind, um unseren Energiepegel und unsere Fähigkeit zur Selbstkontrolle positiv zu beeinflussen.

Wie ich bereits vorhin gesagt habe, als ich euch über geistige und körperliche Energie erzählt habe, hängt alles von unserem Energielevel ab: Motivation, Willenskraft, Selbstbeherrschung und die Fähigkeit, Versuchungen zu widerstehen. Jede Anstrengung ist vergebens, wenn unser Geist wankt, weil wir unsere tägliche Energie verbraucht haben. Zeitverlust, das Risiko kleiner oder großer Misserfolge, die Stimmung, die leidet, und Ziele, die mit der Zeit auseinanderdriften.

Sind wir wirklich sicher, dass wir uns all dem stellen wollen? Wäre es nicht besser, sich darum zu kümmern, wie wir morgens aufstehen? Um genau zu sein, müssen wir unsere Aufmerksamkeit auf etwas lenken, das sogar früher beginnt.

### Das Aufwachen

Das Aufwachen ist ein wichtiger Teil der morgendlichen Routine und von entscheidender Bedeutung, da es sich auf den ganzen Tag auswirken kann. Ein unangenehmes Erwachen, vielleicht durch den Wecker, der zum zehnten Mal klingelt, und der Uhr, die uns sagt, dass wir in Verspätung sind, wird der Auftakt zu einem schlechten Tag sein. Es ist keine Frage des Aberglaubens: Körper und Geist brauchen einen Moment, um den Motor auf Touren zu bringen, um die nötige körperliche und geistige Energie zu speichern. Wenn man nach dem Aufwachen wie verrückt umherläuft, um den Zeitplan einzuhalten, dann schneidet man sich ins eigene Fleisch. Die Regel Nummer eins, um den Tag positiv und produktiv zu gestalten, ist also, sich selbst die notwendige Zeit zum Aufwachen zu geben. Berechnet, wie viel Zeit ihr braucht, und stellt euren Wecker entsprechend ein: Gönnt euch den „Luxus", langsam aufzuwachen, auf eure Atmung und euren Körper zu achten und die Kontrolle über euch selbst zu übernehmen. Stellt den Wecker nicht auf eine Zeit ein, die es euch kaum erlaubt, aus dem Bett zu steigen und im Haus Dinge zu erledigen, bevor ihr in Eile aus dem Haus rennt.

### *Die Bewegung*

Zahlreiche Studien haben gezeigt, dass das ideale Zeitfenster für ein bisschen Bewegung kurz nach dem Aufwachen, vor dem Frühstück, ist. Fünfzehn bis maximal dreißig Minuten lockeres Training würden ausreichen, um Körper und Geist wachzurütteln und das Energielevel zu steigern. Das Niveau steigt, da man durch Morgensport seine Energie erhöht, anders als diejenigen, die morgens einfach aus dem Bett rollen - ein taktischer Vorteil, den man im Laufe des Tages nach und nach ausnutzen kann, bis man abends wieder fit nach Hause kommt. So viele Vorteile im Gegenzug für ein Minimum an Aufwand, das ist einen Versuch wert, nicht wahr? Wie gesagt, ihr braucht keinen Halbmarathon zu laufen oder in den Pool zu springen (wenn ihr Glückspilze einen zu Hause habt, dann nutzt ihn auch!) Macht einfach ein paar leichte Ganzkörperübungen, geht oder tretet auf dem Heimtrainer in lockerem Tempo. Hier geht es darum, den Körper dazu anzuregen, die für den Tag benötigte Energie zu produzieren und zu speichern, und nicht darum, Gewicht zu verlieren oder für eine Wettkampfleistung zu trainieren.

### *Das Frühstück*

Ich weiß, ich weiß... wir sind die „Kaffee und Croissant"-Leute, die an der Theke stehen (wenn wir Zeit dafür finden und es nicht nur die Tasse Espresso ist, die im Stehen schnell konsumiert wird). Aber diese italienische „Tradition" ist nichts für die, die ihre

Energie aufladen und sich geistig optimal auf den Tag vorbereiten wollen. Der Körper muss seine Energiereserven wiederherstellen, und ein reichhaltiges und gesundes Frühstück trägt dazu bei, den Blutzuckerspiegel stabil zu halten (unter Vermeidung von Glykämieabfällen), was wiederum dem optimalen Funktionieren nicht nur des Körpers, sondern vor allem des nach Zucker verlangenden Geistes und insbesondere seiner Gedächtnisfunktionen, dient. Konzentration erfordert „Brennstoff", und wir führen diesen Brennstoff durch frische, gesunde und leichte Nahrung ein. Daher darf ein langsames, reichhaltiges und genussvolles Frühstück in unserer Morgenroutine auf keinen Fall fehlen.

### Die Planung

Kein großes Ergebnis ist je vom Himmel gefallen: Große Ziele erfordern sorgfältige Planung. So erfordert auch ein wichtiger Tag eine einfache, aber sorgfältige Planung unsererseits. Um die Produktivität zu steigern, ist es ratsam, sich morgens, sobald man aufwacht, Ziele zu setzen. Das fördert die geistige Klarheit und erhöht die Produktivität. Wenn wir wissen, was wir tun und wie wir es tun sollen, arbeiten wir besser. Aus diesem Grund wird empfohlen, eine knappe, aber vollständige Liste zu erstellen. Man sollte dort nicht nur das notieren, was zu tun ist, sondern auch, wie es zu tun ist und wie viel Zeit für jede dieser Aufgaben aufgewendet werden muss. Und, noch besser ist es, wenn ihr direkt entscheidet, was das wichtigste Ziel des Tages ist. So

könnt ihr euch zunächst darauf konzentrieren, wenn ihr
euch noch in den produktivsten Morgenstunden
befindet.

### *Hinweis: Multimedia-Geräte*

Der Erfolg der morgendlichen Routine hängt auch
mit der Fähigkeit zusammen, der Versuchung zu
widerstehen, sofort nach dem Aufwachen das Handy in
die Hand zu nehmen, um Benachrichtigungen, E-Mails
und die News zu überprüfen. Bildschirme solltet ihr
euch frühmorgens verbieten. Wenn ihr während der
Morgenroutine darauf verzichtet, hilft das eurem Geist,
seine Batterien wieder aufzuladen und sich auf die
Prioritäten zu konzentrieren. Das ist nicht möglich,
wenn eure mentalen Prozesse unmittelbar durch die
Nachrichten, die ihr checkt, die Benachrichtigungen, die
ihr überprüft und die E-Mails, die ihr lest, beeinflusst
werden. Disziplin bedeutet auch, jeder Aktivität den
richtigen Kontext geben zu können: Während des
morgendlichen psychophysischen Erwachens sollte es
keinen Raum für Ablenkungen geben. Es ist besser,
etwas Musik zu hören, die euch die nötige Energie
geben kann.

# 3. Kapitel

# Umwelt und Selbstbild

Kennt ihr bereits die Definition des Begriffs *Habitat?* Er ist definiert als der Ort, dessen Merkmale einer Spezies das Leben, die Entwicklung und die Fortpflanzung ermöglichen und deren Lebensqualität garantieren. Die Definition ist etwas tiefgründiger, aber was uns hier interessiert, ist der Fokus auf den letzten Aspekt: die Lebensqualität. Habt ihr euch jemals fehl am Platz gefühlt? Ich wette, die Antwort lautet „Ja". Auch wenn ihr nie darüber nachgedacht habt: Jedes Mal, wenn ihr von einem *Gefühl des Unbehagens* begleitet seid, wird eure Lebensqualität beeinträchtigt. Und das erste, was darunter leidet, sind eure Lebensenergien, also jene sehr wertvollen Energien, die wir im zweiten Teil des Buches kennen gelernt haben und die es letztlich ermöglichen, disziplinierte Individuen zu sein. Deshalb lohnt es sich, gebührend auf das Umfeld zu achten, in dem ihr lebt und arbeitet.

Lasst uns versuchen, kurz darüber nachzudenken, dass die Arbeit Jahr für Jahr die meiste Zeit unseres

Lebens in Anspruch nimmt. Wir sollten uns daher nicht nur um die Wahl unserer Arbeit Gedanken machen, sondern auch um das Umfeld, in dem wir arbeiten. Hier sollten wir u.a. bedenken, dass es auch an den Merkmalen des Umfelds liegen könnte, in dem wir täglich viele Stunden verbringen, wenn wir das Gefühl einer geringe Vitalität, eines niedrigen Energielevel und einer geringen Bereitschaft zu strenger Disziplin spüren.

Unser Gehirn ist ein äußerst empfindliches Organ, davon sollten wir inzwischen alle überzeugt sein. In jedem Augenblick unseres Lebens verarbeitet es eine unglaubliche Menge an Informationen, die ihm von unseren Sinnen übermittelt werden. Die Sinne sind immer wachsam, immer bereit, eine Gefahr sofort zu erkennen und die Warnung an das Gehirn weiterzuleiten, das sie als mögliche Gefahrenquelle liest und entsprechend handelt.

Aus diesem Grund könntet ihr ständig boykottiert werden, ohne es überhaupt zu merken. Vielleicht werden eure Bemühungen, disziplinierter zu werden, immer wieder durch Hindernisse zunichte gemacht, die ihr gar nicht erkennen könnt. Wenn dies der Fall ist, ist es an der Zeit, der Umwelt, in der ihr arbeitet und lebt, die richtige Beachtung zu schenken. Was euer Zuhause betrifft, so ist es ganz logisch, dass jeder von uns versucht, dafür zu sorgen, dass es eine komfortable, einladende Umgebung ist, die unseren eigenen Geschmack und unsere eigenen Bedürfnisse widerspiegelt. Das Arbeitsumfeld wird dagegen oft unterschätzt. Die wissenschaftliche Forschung hat jedoch gezeigt, dass seine Rolle für die Produktivität der Menschen von entscheidender Bedeutung ist.

Alle Aspekte, die zu dem beitragen, was wir als Arbeitsumgebung bezeichnen, wurden untersucht, und es wurden interessante Dinge entdeckt, die sich im täglichen Leben anwenden lassen. Werfen wir mal einen Blick darauf.

### Tageslicht

Das Tageslicht steigert das Wohlbefinden und die Produktivität. Helligkeit ist sehr wichtig für unser Energielevel: Um sich produktiv und geistig fit zu fühlen und um uns den ganzen Tag über auf ein konstantes Energielevel verlassen zu können, müssen wir brauchen wir sehr viel Licht. Es trägt auch dazu bei, die Qualität der Nachtruhe zu verbessern. Zögert also nicht und füllt die Räume mit natürlichem Licht.

### Privatsphäre

Ja, der Mythos der offenen Räume (Open Space) wurde durch eine eingehende Untersuchung der Universität von Harvard widerlegt, die herausfand, dass dieses System die Produktivität senkt und die soziale Schüchternheit erhöht. Es ist, als wären wir gezwungen, lange Zeit mit anderen zu interagieren, wobei wir dann später nur noch unter uns bleiben und Interaktionen vermeiden wollen. Um also unser Energielevel zu erhalten und unser Leben mit der gewünschte Disziplin anzugehen, sollten wir sicherstellen, dass wir in einer Umgebung arbeiten können, die uns ein Mindestmaß an Privatsphäre garantiert, mit einen eigenen persönlichen Raum, in dem wir Zuflucht finden können, wenn wir das Bedürfnis verspüren. Falls ihr gezwungen seid, unter Menschen zu arbeiten, solltet ihr euch täglich Zeit für euch selbst nehmen.

### *Farben*

Es lebe die weiße Farbe! Oder doch nicht?. Schwarz und Weiß sind seit jeher die am häufigsten verwendeten Farben in fast jeder Lebens- und Arbeitsumgebung, aber Wissenschaftler haben festgestellt, dass sie die Konzentration und Produktivität nicht fördern. Es ist besser, sie mit weicheren Farben (Gelb, Orange, Grün, weiches Blau) zu kombinieren, um geistige Energien zu stimulieren.

## Änderung der Umgebung zur Maximierung der Produktivität

Nachdem wir nun gesehen haben, dass die Umwelt einen großen Einfluss auf unseren Verstand, auf das Energielevel und damit letztlich auf die Disziplin und Produktivität hat, wollen wir herausfinden, wie wir ein „maßgeschneidertes" Umfeld schaffen können. Nur ein gutes Umfeld ist geeignet, uns bei der Durchführung der Aktivitäten zu unterstützen, die wir uns zum Ziel gesetzt haben. Ganz gleich, ob es sich um einen

Büroarbeitsplatz oder um den Schreibtisch handelt, den wir zu Hause zum Arbeiten benutzen, es ist wichtig, das Beste aus der Umgebung herauszuholen. Selbst kleine Änderungen können den Unterschied machen, denn sie können das Element sein, das den Misserfolg bzw. den Erfolg ausmacht. Denn, erinnern wir uns erneut daran, die Umgebung erlaubt uns, uns gut zu fühlen und unser Energielevel intakt zu halten (und nicht nur das, in manchen Fällen auch wiederherzustellen).

### *Ob im Büro oder zu Hause, Ordnung ist oberstes Gebot*

Kann es Disziplin ohne Ordnung geben? Eine rhetorische Frage, deren Antwort bereits bekannt ist. Bevor ihr sich also zunächst euren täglichen Aktivitäten widmet, sei es Arbeit oder persönliche Projekte, organisiert den Raum um euch herum. Räumt ihn auf, arrangiert die Dinge, die ihr benötigt, sinnvoll, beschränkt Objekte an eurem Arbeitsplatz auf das unbedingt Notwendige und eliminiert alles Überflüssige.

### *Umgebt euch mit persönlichen Gegenständen und Schönheit*

Ein interessantes Experiment an der Universität von Hiroshima, Japan, zeigte, dass das Betrachten schöner Bilder die Reaktionsfähigkeit und die Genauigkeit der Antworten erhöht. Achtet also darauf, dass euer Arbeitsplatz sowohl schön als auch funktionell ist: Sucht nach Bildern, die euch gefallen, die positiv und heiter sind, und stellt sie dort auf, wo ihr sie gut sehen könnt. Gestaltet euren Arbeitsplatz so persönlich wie möglich, aber ohne zu übertreiben. Achtet darauf, dass ihr Gegenstände auf dem Schreibtisch anrichtet, die euch repräsentieren oder Fotos, die euch an eure Lieben erinnern.

### Die Kraft der Pflanzen

Sogar Pflanzen, so wurde in einigen Experimenten festgestellt, erhöhen die Produktivität der Menschen (um genau zu sein, bis zu 15%). Es braucht nicht viel, um die Kraft der Pflanzen zu nutzen: Eine kleine Pflanze oder eine kuriose Fettpflanze sind in der Lage, euren Arbeitsplatz zu verschönern, ihre wohltuende Wirkung zu übertragen und mit ihrer Farbe zu einem angenehmen Umweltbefinden beitragen.

### Bewegt euch, um konzentriert zu bleiben

Habt ihr das klassische Bild eines Geschäftsführers vor Augen, der im Büro herumläuft und ins Telefon brüllt? Nun, ich spreche nicht von *dieser* Art von Bewegung, aber die Wissenschaft hat entdeckt, dass Menschen, die ihr Umfeld wechseln können und sich während der Arbeitszeit regelmäßig bewegen, konzentrierter bleiben als Menschen, die immer an der gleichen Stelle sitzen. Geht einfach eine Treppe rauf und runter, oder telefoniert im Stehen statt im Sitzen.

### Der richtige Soundtrack

Hat man euch gesagt, dass Musik eine Ablenkung bei

der Arbeit ist? Falsch. Wählt einfach den richtigen Soundtrack in Bezug auf die Situation. Es ist bekannt, dass Musik, die die richtige Lautstärke hat und dem Geschmack der Person entspricht, die Konzentration fördert, anstatt sie zu schwächen. Musik zu hören wird auch euer Energielevel steigen lassen. Probiert es selbst aus: Es schadet euch nicht und macht außerdem noch Spaß, während euren Produktivitätsphasen ein wenig mit der Hintergrundmusik zu experimentieren.

### Der Komfort

Niemand kann produktiv sein, wenn er sich unwohl fühlt. Achtet also besonders auf die Höhe des Schreibtisches, an dem ihr arbeitet, und auf den Stuhl, den ihr wählt. Selbst wenn keine besonderen körperlichen Probleme (Rücken oder Beine) vorliegen, ist es ratsam, einen ergonomischen Sessel zu wählen, der Unterstützung bietet und gleichzeitig das richtige Maß an Entspannung ermöglicht. Eure Produktivität wird es euch danken!

Aus der Analyse dieser Elemente geht immer klarer hervor, dass das Erreichen eines Zustandes, der es euch erlaubt, produktiv zu sein und die gewünschte Disziplin auf eure Arbeit und euer Leben anzuwenden, eine Frage des Details ist. Es mag ein kleines, vielleicht sogar banales Detail sein, aber es ist absolut nicht zu unterschätzen. Die großen Ergebnisse entstehen aus der Sorgfalt jedes kleinen Details, und zwar nicht nur nach außen, sondern auch in uns selbst und in dem

Raum, der, wie gesagt, unseren *Lebensraum* darstellt. Lebensqualität und Disziplin sind eng miteinander verbunden, vergesst das nicht: Um produktiv, kohärent und mit unerschütterlicher Willenskraft ausgestattet zu sein, muss man sich zunächst einmal wohl fühlen.

## Wie Beziehungen unser Gehirn formen

Ihr habt sicher schon einmal jemanden sagen hören, dass wir alle miteinander verbunden und dass wir alle voneinander abhängig sind. Und ihr habt diese Aussage mit Sicherheit als dumm abgestempelt. An welche Werte ihr auch immer im Leben glaubt, diese Aussage ist wahr, ob es euch nun gefällt oder nicht. Wir sind alle miteinander verbunden und wir werden alle voneinander beeinflusst – und zwar nicht so bewusst, wie ihr denkt.

Im Zentrum des Ganzen steht einmal mehr das Gehirn: Ein Organ mit einer sehr plastischen Struktur, das von Umwelteinflüssen beeinflusst wird und sich anpasst, verändert und entwickelt. Aber der Mensch ist auch Teil der Umwelt, und aus diesem Grund ist es richtig zu sagen, dass wir in gewisser Weise unsere Beziehungen sind.

Wie ist das gemeint, dass wir unsere Beziehungen sind? Das bedeutet, dass die wichtigsten Beziehungen in unserem Leben - die zu den Eltern oder zu den Menschen, die sich in der frühen Kindheit um uns gekümmert haben - unseren Geist geprägt haben. Die neuronale Struktur wurde dadurch *geprägt*, und es gestaltet sich als sehr schwierig (aber nicht als unmöglich), sich davon zu lösen. Wenn wir geboren werden, sind wir hilflos, brauchen noch eine langsame und lange Entwicklung, sind begierig, die Welt zu entdecken, aber auf andere angewiesen, um dies zu tun: Deshalb suchen wir sofort nach einer Bezugsperson, die uns Schutz, Unterstützung und Trost bieten kann.

Diese Figur (Mutter, Vater oder eine andere emotionale Bezugsperson) reagiert auf unsere Bitten und kümmert sich um unsere Bedürfnisse. Die Art und Weise, wie sich diese Person darum kümmert, den Grad der Reaktionsfähigkeit, den sie zeigt, und die Tiefe der Zuneigung, die sie uns übermittelt, beeinflussen eine Antwort in unserem Gehirn: Unsere Neuronen werden aktiviert und die neuronalen Netzwerke, die mentale Prozesse entstehen lassen, werden gebildet. Im Laufe unseres Lebens werden diese Prozesse milliardenfach ausgelöst. Es ist ein bisschen so, als ob unser Gehirn lernen würde, wie es reagieren kann. Diese ersten Interaktionen sind grundlegend, um festzustellen, was für Menschen wir als Erwachsene sein werden.

Gemäß der Bindungstheorie können wir je nach der Beziehung zur Bezugsperson verschiedene Arten der Verbundenheit entwickeln, die mehr oder weniger sicher oder unsicher sein können. Diese „Prägung" unseres Gehirns beeinflusst unser Verhalten im Leben auf emotionaler Ebene, aber auch ganz allgemein hat sie

Auswirkungen auf unsere Leistungen in allen Bereichen: Sie bestimmt, wie belastbar wir sind, wie wir mit Stress umgehen können, wie wir Schwierigkeiten begegnen, wie wir auf Situationen reagieren. Unser Gehirn formt sich als Reaktion auf einen Reiz selbst. Wenn es also passiert ist, als wir Kinder waren … kann es wieder passieren?

Die Antwort lautet „Ja", wenn auch in geringerem Maße. Tatsächlich nimmt die Plastizität des Gehirns mit dem Alter ab, wenn es wächst und seine Entwicklung beendet. Studien haben gezeigt, dass Kinder, die in einem frühen Alter missbraucht werden, dauerhafte Hirnschäden erleiden, in dem Sinne, dass diese enorme Freisetzung von Stress die Linearität der Entwicklung des Organs beeinträchtigt und sich im Erwachsenenalter durch eine Reihe von psychischen Störungen manifestiert. Dies sollte euch zeigen, wie negative Beziehungen, schwere Stressmomente und Traumata die Funktion dieses kostbaren Organs beeinträchtigen können.

Was passiert also als Erwachsene, wenn wir uns in einer negativen Beziehung befinden? Ich spreche nicht nur von einer emotionalen Beziehung, eine toxische Beziehung am Arbeitsplatz oder in der Familie reicht schon aus. Es kommt vor, dass das Gehirn unter ständigem Stress steht, was es daran hindert, Informationen richtig zu verarbeiten, und das Ergebnis ist eine falsche Interpretation der Ereignisse und der

Informationen selbst. Unsere Gehirne brauchen Resonanz, sie müssen sich ineinander reflektieren: Wenn wir sagen, dass wir uns mit jemandem im Einklang fühlen, dann meinen wir genau das. In einer ruhigen Situation ist unser Gehirn in der Lage, alle Informationen, die es verarbeitet, perfekt zu integrieren. In einer negativen Situation nicht. Dies führt zu einer falschen Interpretation der Realität und im Wesentlichen zu Schmerz.

Unsere Neuronen hören nie auf, sich zu bilden. Kümmert euch um eure neuen Neuronen und denkt daran, dass eine übermäßige Menge an Beziehungsstress eure wertvollen neuronalen Strukturen nur schädigen kann. Wenn wir bestmöglich „funktionieren" wollen, müssen wir in allen Aspekten unserer Existenz für uns selbst sorgen, zwischenmenschliche Beziehungen eingeschlossen.

**Hört jetzt damit auf, alles aufzuschieben**

Manche Menschen kommen immer zu spät, andere immer fünf Minuten vor der geplanten Zeit. Es gibt diejenigen, die bis zur Frist warten, um ihre Rechnungen zu bezahlen, und diejenigen, die es tun, sobald der Postbote den Zahlschein zustellt. Und dann gibt es diejenigen, die es immer vorziehen, etwas schnell zu erledigen und dann abzuschließen, und diejenigen, die es ständig auf einen späteren Zeitpunkt verschieben. Prokrastinieren bedeutet wörtlich „auf morgen verschieben", und man kann sagen, dass es in gewisser Weise das Übel ist, das einen großen Teil der modernen Gesellschaft heimsucht. Es geht Hand in Hand mit der Zurückhaltung angesichts von Verantwortung und Verpflichtungen, und wenn es nicht unter Kontrolle gehalten wird, kann „wildes" Prokrastinieren euer Leben wirklich ruinieren. Es besitzt nämlich die einzigartige Fähigkeit, Menschen in Teufelskreise zu führen, was sehr unangenehme Folgen mit sich bringen könnte.

Es versteht sich von selbst, dass Prokrastinieren und Disziplin keine guten Freunde sind. Die Disziplin erfordert, wie wir festgestellt haben, dass wir etwas tun müssen, wenn es getan werden muss, weil es getan werden muss: Prokrastinieren ist genau das Gegenteil. Lasst euch nicht täuschen, es geht nicht darum, etwas bewusst zu planen, sondern darum, dass das, was heute *hätte getan werden müssen*, auf morgen verschoben wird.

Wie können wir der Tendenz zum Prokrastinieren entgegenwirken? Zunächst einmal, indem wir es als das anerkennen, was es ist: ein fast natürlicher Instinkt. Tatsächlich erlaubt es uns, zu wählen, was uns in genau diesem Moment befriedigt, und nicht, was uns später befriedigen wird. Alles dreht sich um das Vergnügen, erinnert ihr euch? Sogar ob jemand dazu geneigt ist, zu prokrastinieren oder nicht. Aber das Aufschieben kann wirksam bekämpft werden. Schauen wir uns mal an, wie.

**1. Einen Plan aufstellen:** Ihr werdet

mittlerweile verstanden haben, in welchen Bereichen ihr zum Prokrastinieren neigt. Konzentriert euch dann einige Minuten lang und denkt darüber nach, was ihr tun solltet und was genau ihr immer wieder aufschiebt: Schreibt es auf ein Blatt Papier und behaltet es immer im Auge, so könnt ihr mit dem Denken aufhören (Was soll ich tun? Wann soll ich es tun? Weg mit den Gedanken!) und handeln.

2. **Sich immer nur auf eine Sache konzentrieren:** Wenn ihr zu viele Dinge aufgeschoben habt, die jetzt zu erledigen wären, werdet ihr Gefahr laufen, die Lust zu verlieren, auch nur den ersten Schritt zu tun. Konzentriert euch deshalb jeweils auf eine Sache: Wenn ihr das Ziel in viele kleine Teilziele unterteilt, dann könnt ihr effektiver arbeiten und eure Moral und Motivation aufrechterhalten. Es gibt keinen Grund, vor der Menge der Dinge, die zu tun sind, Angst zu haben. Es ist sinnvoller, mit einer kleine Aufgabe zu beginnen und schrittweise vorzugehen.

3. **Schwierige Dinge haben Vorrang:** Wo fängt man an? Richtig, bei der schwierigsten Aufgabe. Nehmt euch zuerst die schweren Lasten ab und denkt dann über den Rest nach.

Diese Philosophie hilft euch auch im Alltag, um produktiver zu bleiben. Wenn ihr morgens eine Liste von Aufgaben und Aktivitäten erstellt, die im Laufe des Tages zu erledigen sind, solltet ihr die wichtigsten oder schwierigsten immer an die erste Stelle setzen. Wenn ihr euch so bald wie möglich von dieser schweren Last befreit, könnt ihr den Tag (und den Rest der Dinge, die zu tun sind) mit mehr Kraft und Leichtigkeit angehen.

„Das war's?", werdet ihr jetzt fragen. Ja, so einfach ist das.

Mit dem Prokrastinieren aufzuhören ist viel leichter als man denken würde. Es reicht eigentlich, wenn man sich dazu entscheidet, nichts mehr aufzuschieben, und wenn man sich mit diesen kleinen, leichten „Tricks" behilft. Es gibt noch einen Vorteil, der euch glücklich machen wird: Wenn ihr mit dem Prokrastinieren aufhört, schießen euer Selbstwertgefühl und eure Motivation wie zwei Raketen nach oben. Diese beiden Eigenschaften sind es, die unsere Willenskraft stärken und es möglich machen, zu Individuen mit einer unerschütterlichen Disziplin zu werden.

**Selbstwertgefühl und Produktivität**

Wir haben sie bereits genannt und so widmen wir dieses letzte Kapitel ihr, dem fehlenden Teil des faszinierenden Puzzles, das wir auf den Seiten dieses Buches zusammengestellt haben: das Selbstwertgefühl. Was hat das mit Disziplin und Produktivität zu tun? Versucht kurz, euch wie ein totaler Versager zu fühlen, der zu nichts zu gebrauchen ist. Probiert dann, produktiv zu sein. Genau deswegen ist es so wichtig, ein gesundes Selbstwertgefühl aufrecht zu erhalten, um eine eiserne Disziplin zu erlangen, mit dem Prokrastinieren aufzuhören und produktiv zu werden. Doch was beeinflusst unser Selbstwertgefühl?

Wir müssen wieder über das Gehirn sprechen. Das Element, das in Bezug auf das Selbstwertgefühl einen Unterschied machen kann, sind die Vorstellungen, die wir von uns selbst und im Allgemeinen vom Gehirn selbst haben. Wir unterscheiden zwischen *festen* und *inkrementellen* Vorstellungen. Das heißt, wir können glauben, dass es das Schicksal ist, das entscheidet, wer wir sind (oder die Natur oder Gott, woran auch immer ihr glaubt), oder im Gegenteil, wir können fest daran glauben, dass wir jedes Mal nur die Hände in den Schoß legen müssen, bis die Dinge wieder besser werden.

Diejenigen, die eine feste Vorstellung von Verstand und Intelligenz haben, glauben im Wesentlichen, dass wir mehr oder weniger begabt geboren werden: Im Leben können wir daher nur die Ziele erreichen, für die wir prädestiniert sind. Diejenigen, die eine inkrementelle Vorstellung haben, denken, dass Intelligenz, Fähigkeiten und Kompetenzen immer erworben werden können. Sie glauben also, dass das

Individuum mit dem richtigen Engagement immer besser werden kann.

Könnt ihr euch vorstellen, wer ein höheres Selbstwertgefühl haben wird? Es ist nicht schwer zu erraten: Menschen, die eine inkrementelle Vorstellung von Verstand und Intelligenz besitzen. Und das ist es, was wir brauchen, um eine unerschütterliche Disziplin zu erlangen und unglaublich produktiv zu werden. Wir müssen uns selbst davon überzeugen, dass wir es schaffen können, dass wir mit den richtigen Strategien die notwendige Willenskraft aufbringen können, um die Ziele zu erreichen, die wir uns gesetzt haben. Dabei müssen wir so handeln:

- Die Hindernisse werden uns nicht zurückschrecken lassen: Wir wissen, dass wir sie mit dem richtigen Engagement und Einsatz (und den in diesem Buch erlernten Strategien) überwinden können.

- Jeder kleine Sieg trägt zu unserem Selbstwertgefühl bei: Wir wissen, dass wir es uns selbst zu verdanken haben, denn wir haben hart gearbeitet, uns angestrengt und das nötige Wissen erworben.

- Versäumnisse und Fehler werden uns nicht erschrecken: Wenn überhaupt, dann werden sie uns helfen, zu verstehen, wie wir unser Ziel

„korrigieren" können. Fehler sind unschätzbare Lehren, die uns klar den Weg nach vorn weisen. Wir wissen auch, dass wir, wenn wir einmal scheitern, jederzeit unsere Anstrengungen und unser Engagement verstärken und es erneut versuchen können.

Unsere Produktivität wird sich ständig steigern: Indem wir es ausprobieren, effektiver zu sein, werden wir gleichzeitig immer motivierter werden, zu arbeiten. Wenn wir das Gefühl haben, dass unsere Disziplin funktioniert, werden der Wunsch zu zögern und die Versuchung, das Handtuch zu werfen, immer weiter zurückbleiben. Wir werden sehen, wie sie in unserem Rückspiegel immer kleiner werden, bis wir sie irgendwann nicht mehr sehen können.

Achtet immer darauf, was eure Gehirnzellen über euch denken! Wir sind unser Motor, die Einzigen, die uns aus einer Lähmung herausführen, die Ärmel hochkrempeln und schließlich den Lauf unseres Lebens ändern können.

# Schlussfolgerung

Was hat Wissenschaft mit Disziplin zu tun?

Am Ende dieses Buches angelangt, hoffe ich, dass ihr auf diese Frage eine Antwort gefunden habt. Nachdem wir jahrzehntelang die Last auf unseren Schultern getragen haben, können wir schlussendlich die Überzeugungen ablegen, dass wir „gut oder schlecht", diszipliniert oder zum Scheitern verurteilt sein müssen. Eine eiserne Disziplin ist endlich ein für alle erreichbares Ziel und mit ihr all die positiven Aspekte, die sie mit sich bringt: Produktivität, Erfolg, Glück.

Es stimmt, man denkt immer das Gegenteil, aber ein diszipliniertes Leben ist ein glückliches Leben. Ein Leben, das uns erlaubt, uns selbst zu verwirklichen, die Ziele zu erreichen, die wir uns wünschen, unsere Träume zu verwirklichen. Wir haben in diesem Unterfangen beides, sowohl einen großen Verbündeten als auch einen großen Feind: das Gehirn. Die Wissenschaft hat die Aufgabe, uns zu helfen, es besser kennen zu lernen, uns zu lehren, wie wir mit dem Gehirn „Freundschaft schließen" können, zu erklären, wie wir es mit mehr oder weniger Mühe (ohne Mühen wird es nie funktionieren, da kann man nichts machen) dazu bringen können, zu unseren Gunsten zu arbeiten.

Das Gehirn ist ein faszinierendes Rätsel. Wir wissen wahrscheinlich noch nicht viel darüber, aber das wenige, was wir heute wissen, reicht aus, um unser Leben in die Hand nehmen zu können. Die Aufgabe der Wissenschaft ist es, uns mächtige Instrumente zu reichen. Es liegt also an uns, mit den wissenschaftlichen Entdeckungen Schritt zu halten und unsere Zeit optimal zu nutzen, indem wir von den Anstrengungen profitieren, die jemand anderes für uns unternommen hat.

Nach diesem Buch könnt ihr euch zwischen zwei Dingen entscheiden: Ihr könnt denken, dass der Inhalt dieses Buches zwar interessant ist, ihn aber schon nach einer Woche vergessen. Oder ihr könnt diesen Inhalt wirklich anwenden, was zwar schwierig, aber lohnend sein wird, und am Ende werdet ihr Erfolg haben. Wahrscheinlich sagt euch etwas im Inneren, dass ihr es nicht schaffen könnt, wenn ihr das Buch bald wieder vergesst. Es gibt euch allerdings die Werkzeuge, um diese Stimme abzuwehren und die Kontrolle über euer Handeln zu übernehmen. Es ist viel einfacher, als ihr denkt, und macht mehr Spaß, als ihr euch vorstellen könnt.

Individuen mit einer eisernen Disziplin zu werden, die nichts mehr aufschieben und die intensive und produktive Tage erleben, ist ein Akt der Liebe zu uns selbst, aber auch zu der Wissenschaft, die es uns ermöglicht hat, zu entdecken, wie wir unsere eigenen Limits überwinden können. Denkt nicht, dass das

„alles" im Leben ist. Jeder, der es wirklich will, kann Veränderungen vornehmen. Ich weiß nicht, was eure Wünsche sind, aber ich kann euch mit diesem Buch helfen, sie zu verwirklichen.

Es ist immer einen Versuch wert. Mit den Methoden und Techniken, die ihr hier erworben habt, wird es auch einfacher und angenehmer. Darüber hinaus könnt ihr euer Wissen zu den vielen Themen vertiefen, die, bereits angesprochen wurden, als vom Gehirn gesprochen wurde. Durch das Wissen erlangen wir auch die Kontrolle über dieses faszinierende Organ: In der heutigen Welt wird dies immer mehr zu einer Notwendigkeit, um ein erfülltes und befriedigendes Leben zu führen. Jetzt, wo ihr die Werkzeuge habt, solltet ihr vorbereitet sein.

*Robert Meyer*

## Bevor ich mich von euch verabschiede, möchte ich euch noch einen Ratschlag für die Lektüre geben…

**LERNEN WIE EINSTEIN: Geheimnisse und Techniken, um besser zu lernen, Kreativität zu entwickeln und das Genie in Ihnen zu entdecken**

**Es war einmal im Jahr 1895 als Albert Einstein als Versager galt …**

Das können Sie kaum glauben? Es war aber wirklich so! Dieses Buch verrät Ihnen die Strategien, die er nutzte, um schneller und effizienter zu lernen, sein Erinnerungsvermögen zu stärken und ein kreatives Genie zu werden.

**Dabei liegt der Fokus auf dem Wort: werden.**

Waren Sie schon jemals so gestresst oder abgelenkt, dass es Ihnen nicht gelang, sich auf Ihre Arbeit oder das Lernen zu konzentrieren?

Durch „Lernen wie Einstein" werden Sie erkennen, wie ein gewöhnlicher Junge, der von der Universität abgelehnt, von Professoren und Wissenschaftlern verspottet wurde und jahrelang niedere Arbeiten ausübte, in nur wenigen Monaten zu dem verrückten und kreativen Genie wurde, als das er heute bekannt ist.

Dieses Buch legt die Techniken dar, die Einstein angewendet hat, um sich besser konzentrieren und Informationen schneller aufnehmen zu können. Zusätzlich werden Strategien verraten, wie Sie Ereignisse und Informationen leicht im Gedächtnis verankern, dabei einen klaren Verstand behalten sowie ein von Erfolg geprägtes Leben führen.

**Entdecken Sie in „Lernen wie Einstein":**

- Wie Sie es schaffen, sich in jedem Alter jegliches Wissen anzueignen

- Wie Sie Ihre Konzentrationsfähigkeit zu jeder Tageszeit verbessern können

- Wie Sie Ihre Lesegeschwindigkeit verdoppeln

- Wie Sie Probleme auf kreative Weise lösen,

auch wenn Sie sich selbst nie für kreativ gehalten haben

- Wie Sie schnell lernen und dabei eine Menge Zeit sparen

- Wie Sie auch eine große Menge an Informationen aufnehmen und sich für lange Zeit ins Gedächtnis einprägen können: „Das vergesse ich nicht so schnell …"

- Und noch viel mehr!

Angefangen bei kreativen Fertigkeiten, um die Sie jeder beneiden wird, bis hin zu effizienteren Lesefähigkeiten, bietet Ihnen dieses Buch die notwendigen Mittel, um im Alltag und der Arbeitswelt jede Herausforderung meistern zu können.

Mit dem richtigen Rat, Übungen, Informationen und Cleverness können auch Sie lernen, über den Tellerrand zu denken, für jegliches Problem eine Lösung zu finden und Erfolg im Leben zu haben.

**Wenn Sie mehr erfahren möchten, öffnen Sie mit Ihrem Smartphone den folgenden QR-Code.**